PADRE GABRIELE AMORTH

Coleção **BIOGRAFIAS**

- *Oscar Romero e a comunhão dos santos*, Scott Wright
- *Padre Ibiapina*, José Comblin
- *Padre Cícero de Juazeiro*, José Comblin
- *São João Paulo II: a biografia*, Andréa Riccardi
- *Padre Pio: os milagres desconhecidos do santo dos estigmas,* José Maria Zavala
- *Paulo de Tarso: um apóstolo para as nações*, Pedro Lima Vasconcellos; Pedro Paulo Abreu Funari
- *Papa São João XXIII*, Domenico Agasso Sr.; Domenico Agasso Jr.
- *João Paulo II: santo já*, Andrea Riccardi
- *Josefina Bakhita: o coração nos martelava no peito – Diário de uma escrava que se tornou santa*, Roberto Italo Zanini (org.)
- *Santo Antônio de Pádua: por onde passa, entusiasma*, Domenico Agasso Jr.
- *Padre Pio: o mistério do Deus próximo*, Saverio Gaeta
- *Madre Teresa: tudo começou na minha terra*, Cristina Siccardi
- *Paulo VI: o santo da modernidade*, Domenico Agasso Jr.; Andrea Tornielli
- *Santa Gemma Galgani: entre Deus e o diabo*, Pe. José Carlos Pereira
- *Carlos e Zita de Habsburgo: o itinerário espiritual de um casal cristão*, Elizabeth Montfort
- *Padre Amorth: a biografia oficial*, Domenico Agasso

Domenico Agasso

# PADRE GABRIELE AMORTH
## *A biografia oficial*

Tradução:
D. Hugo C. da S. Cavalcante, OSB
Maurício Pagotto Marsola

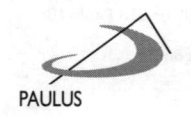

PAULUS

Todos os direitos reservados pela Paulus Editora. Nenhuma parte desta publicação poderá ser reproduzida, seja por meios mecânicos, eletrônicos, seja via cópia xerográfica, sem a autorização prévia da Editora.

© 2021 Edizioni San Paolo s.r.l
Piazza Soncino 5 – 20092 Cinisello Balsamo (Milano) – Italia
www.edizionisanpaolo.it

Título original: *Don Amorth continua*
ISBN 978-88-922-2585-5

Direção editorial: *Frei Darlei Zanon*
Gerente de *design*: *Danilo Alves Lima*
Coordenação de revisão: *Tiago José Risi Leme*
Preparação do original: *Tatianne Aparecida Francisquetti*
Capa e diagramação: *Gustavo Gomes*
Imagem capa: iStock
Editoração, impressão e acabamento: PAULUS

Dados Internacionais de Catalogação na Publicação (CIP)
Angélica Ilacqua CRB-8/7057

---

Agasso, Domenico
  Padre Amorth : a biografia oficial / Domenico Agasso ; tradução de Hugo C. da S. Cavalcante, Maurício Pagotto Marsola. - São Paulo : Paulus, 2023.
  Coleção Biografias.

  ISBN 978-65-5562-844-9
  Título original: Don Amorth continua

  1. Amorth, Gabriele, 1925-2016 - Biografia 2. Igreja Católica – Clero – Biografia 3. Exorcistas – Biografia I. Título
  II. Cavalcante, Hugo C. da S. III. Marsola, Maurício Pagotto

23-0876                                                                                              CDD 922
                                                                                                     CDU 929:276

---

Índice para catálogo sistemático:
1. Igreja Católica – Clero – Biografia

Seja um leitor preferencial **PAULUS**.
Cadastre-se e receba informações sobre nossos lançamentos e nossas promoções:
**paulus.com.br/cadastro**
Televendas: **(11) 3789-4000 / 0800 016 40 11**

1ª edição, 2023
1ª reimpressão, 2023

© PAULUS – 2023

Rua Francisco Cruz, 229 · 04117-091 · São Paulo (Brasil)
Tel.: (11) 5087-3700
paulus.com.br · editorial@paulus.com.br

ISBN 978-65-5562-844-9

# I
# O NOME DO MAL

Expulsai os demônios. Jesus determina isso aos discípulos no Evangelho. Ele mesmo enfrenta o Demônio no deserto por quarenta dias. Resiste. Combate. Vence. Nem quando a fome irrompe ("Transforma estas pedras em pão", Satanás tenta e tenta novamente, incansavelmente: que vitória seria, a obtida sobre Deus mesmo, encarnado em seu Filho Jesus). Jesus não cede ao Tentador persuasivo.

Mas, se ele tentou Jesus sem sucesso no deserto, certamente não desistiu, continuando – pelos séculos dos séculos – a tentar cada pessoa que nasce sobre a terra. Para isso existe. Sua tarefa, sua "missão", é retirar tantas almas quanto possível a Deus. Arrancar as criaturas do seu Criador.

Quantos hoje acreditam na existência, na ação, nas vitórias do Demônio? Este é o seu maior sucesso: convencer o mundo de que não existe, de que desapareceu para sempre e, em vez disso, agir sem ser perturbado, atingir as criaturas indefesas. Indefesas porque incrédulas: contra o que se defender, se o mal não existe mais?

O Tentador conseguiu convencer-nos a todos – ou quase – de sua inexistência. Afundar-se, esconder-se, negar-se a si mesmo, para atingir melhor, para conquistar espaços, para expandir cada vez mais os seus domínios. Ele conseguiu convencer as multidões de ser pouco mais que um conto de fadas, adequado para manter as crianças boas, como o lobo mau e o bicho-papão.

O que é pior é que a própria Igreja parece esquecer-se do Demônio. Depois de insistir durante séculos, agora, na Modernidade mais indisciplinada, abandonou o desafio. Como se o Evangelho não estivesse ali, sempre, ainda e novamente, para alertar, para insistir, para repetir que o coração de cada homem – mesmo o de Pedro e aquele de Judas, dois dos Doze muito próximos de Jesus – pode ser conquistado pelo senhor do mal, pode ser subjugado, com resultados desastrosos para o ser humano, individualmente, e para a humanidade inteira. Não, não basta mais, sequer o Evangelho é suficiente. Não bastam os santos, os papas, os bispos e os padres que, há dois mil anos, foram experimentados na luta contra o Maligno.

Nós removemos o Demônio, como o pecado, como – no fundo – a morte. São todas questões antipáticas, anacrônicas, fora de moda. Coisas da Idade Média. O homem moderno não tem tempo para esse absurdo antigo. Outros desafios, muito mais excitantes e emocionantes, provocam a Modernidade.

Os próprios conceitos de bem e mal foram modificados na mentalidade comum. O que é bom e o que é mau? Quem pode dizer? Tudo é relativo. Todo mundo tem o direito de construir um bem e um mal sob medida para si mesmo; e se isso prejudica os outros, o que importa? O homem é livre ou não? Poderá fazer o que quiser com sua existência sobre a terra ou não? Assim, a humanidade corre para um destino tenebroso e assustador, já visto, já vivido: o homem devora o homem, *homo homini lupus*.

No entanto, bastaria ter olhos para ver: não é talvez demoníaco que metade do mundo esteja em guerra, que existam prisioneiros, refugiados, famintos e sedentos, perseguidos e torturados, violências indescritíveis contra crianças, contra mulheres, contra idosos? Não é talvez demoníaco que se matem os pequeninos no útero materno e os doentes sem esperança? Que o ódio divida as famílias, que o racismo envenene as almas, que as ideologias armem indivíduos e nações?

A fumaça de Satanás entrou na Igreja, disse Paulo VI nos anos 70 do século passado. A mesma fumaça parece envolver o mundo inteiro, intoxicar as consciências, perturbar as mentes, destruir a convivência humana. O bem resiste, claro, resiste e novamente resiste. Muitas vezes ganha, repelindo os formidáveis assaltos do mal com mil formas. Mas o que está na raiz do mal? A ação do Demônio, agora e para sempre. Fingir que nada acontece não nos salvará de sua ação violenta, persistente e penetrante. Portanto, levar o Evangelho a sério, crer em Jesus Cristo, que morreu e desceu aos infernos e, no fim, ressuscitou, significa tomar consciência de que o mal tem um nome, tem um rosto, os do Demônio. Presença indesejada, claro, mas verdadeira e tangível, nos séculos dos séculos.

Felizmente, há pessoas na Igreja dispostas a olhar Satanás na face, a enfrentá-lo, a combatê-lo e a vencê-lo. São os exorcistas. Sacerdotes que se preparam com consciência e escrúpulo para uma tarefa que faz tremer. Combater o príncipe deste mundo, expulsá-lo como está escrito nos Evangelhos, como Jesus determina. Muitas vezes desconhecidos ou pouco conhecidos, às vezes incompreendidos ou ridicularizados, os exorcistas representam uma arma poderosa contra a propagação do Maligno, para a conquista dos corações, para a vitória do mal sobre o bem.

Nestas páginas, descreve-se a aventura humana e espiritual do exorcista mais famoso, o padre Gabriele Amorth, que, por trinta longos anos, desempenhou esse papel crucial com total dedicação, enquanto suas forças o sustentaram.

Não somente enfrentou a guerra contra o Demônio, mas ensinou outros a fazê-lo, falou e escreveu sobre isso, envolvendo muitos no projeto. Gastou a vida exortando os cristãos – mas também os sacerdotes, também os bispos – a acreditar na existência e na difusão do Demônio, apontando o dedo para as manifestações modernas do mal em todas as suas formas, muitas vezes cativantes e fascinantes.

Encorajado pelos últimos três papas – João Paulo II, Bento XVI e Francisco –, ele combateu o bom combate, guardou a fé, terminou a corrida. Inimigo implacável do príncipe deste mundo, defendeu a causa de Jesus e da sua Igreja, una, santa, católica e apostólica, mas também imperfeita e pecaminosa. Se hoje outros combatem nessa frente difícil, certamente é um grande e histórico mérito para ele. Deu novamente visibilidade e nobreza à antiga prática do exorcismo, levando para a batalha outros jovens padres, sensibilizando os bispos, ficando ao lado dos fiéis, colocando-nos todos atentos à tentação de remover o Demônio, de conceder-lhe a vitória mais prestigiosa: acreditar que não existe, baixar a guarda, deixar-se afastar de Deus e da Igreja, da fé, da esperança, da caridade.

II
## PAI E MÃE SANTOS

Quando Gabriele Amorth nasceu, em Modena, em 1º de maio de 1925, a Itália era fascista havia quase três anos. Benito Mussolini, um jovem de Forli, na Emília-Romanha, já socialista, tomou o poder sem derramamento de sangue em 28 de outubro de 1922: a famosa marcha sobre Roma, que não é exatamente uma marcha triunfal, mas isso basta para convencer o rei Vittorio Emanuele III, o Governo do piemontês Luigi Facta, o Parlamento e o povo da inevitabilidade de uma mudança, diante dos protestos, dos confrontos, da violência que marcaram o primeiro pós-guerra, entre vermelhos e pretos. É preciso ordem, e o romanholo sanguinário aparece como o salvador da pátria, todos prontos para se ajoelharem, se prostrarem, se colocarem sob seu comando. Erro histórico de extraordinária importância, como será descoberto ao preço de lágrimas, sangue e ruína. Mas, pelo contrário, naquele ano de 1925, o fascismo toma todo o poder em suas mãos, tornando-se efetivamente uma ditadura e pondo fim ao Estado constitucional, liberal e parlamentar. Isso acontece em 3 de janeiro, com um discurso dramático de Mussolini ao Parlamento. Na prática, os partidos e os sindicatos são supressos, os jornais são censurados e o chefe do Governo torna-se efetivamente o dono do país, sob o olhar impotente – e em parte cúmplice – do rei da Itália, que a esse homem confiou, com negligência culpável, os destinos da pátria.

O fascismo não encontra espaço na família modenense dos Amorth. Seu pai Mário, advogado, estava, em 1919, entre os fundadores do Partido Popular de Pe. Luigi Sturzo, compartilhando o apelo aos "livres e fortes" e chamando os católicos ao compromisso e ao testemunho político, após um longo distanciamento depois da tomada de Roma, em 1870, e o fim do poder temporal dos papas. O cardeal Achille Ratti, um lombardo, já arcebispo de Milão e bom alpinista, senta-se no trono de Pedro, dando-se o nome de Pio XI. Os tempos mudaram, a Itália unida é um fato histórico adquirido e aceito; houve a carnificina da Primeira Guerra Mundial (mas ninguém sabe ainda que se trata da primeira), entre 1915 e 1918, contra a qual falaram, pregaram e suplicaram dois papas: Pio X, que adivinhou os sinais premonitórios da futura "grande guerra", e Bento XV com as palavras prementes contra "o massacre inútil". O trágico e violento pós-guerra impulsionou o padre siciliano de Caltagirone a mobilizar os católicos, evocando-os ativamente na política, para evitar que o país acabasse na espiral de uma luta sem fim, entre a nova classe trabalhadora e os "patrões" de antes e de depois.

O Partido Popular de Sturzo não terá sucesso e será varrido, com os outros, pelo vento do fascismo. Mas os populares não desapareceram, e o advogado Mario Amorth de Modena está entre eles. Filho de advogado, nascido em 1884, casou-se com Albertina Tosi, dois anos mais nova, mulher muito ativa na sua paróquia, que lhe dará cinco filhos homens: Leopoldo, futuro advogado, nas pegadas do pai e do avô; Giovanni, médico; Luigi, professor; Giorgio, magistrado; finalmente, Gabriele, que vê a luz precisamente naquele ano crucial de 1925.

Ele contará: "Nasci em Modena em 1º de maio de 1925, de uma família muito religiosa; meus pais eram dois santos;

os meus quatro irmãos (nós éramos cinco homens) eram todos verdadeiramente de ouro, éramos muito próximos".

Não se sabe muito sobre a infância e a adolescência de Gabriele, exceto que ele pensa já muito cedo em tornar-se padre. Talvez essa fé respirada em casa todos os dias, a frequência à paróquia com a mãe, a santidade dos pais e a bondade dos irmãos. Quem sabe? O fato é que, diz ele, "frequentei as escolas clássicas e comecei, já por volta de 13 anos, a pensar no futuro, no sacerdócio, na vida religiosa".

Um vislumbre da infância ele conta a Paolo Rodari, no livro *L'ultimo esorcista* (*O último exorcista*):

> Quando criança, eu ia à missa com minha mãe e meu pai em Modena, a cidade onde nasci. Muitas vezes adormeci no chão, debaixo do banco, aos pés de meus pais. Quando dormia e permanecia em silêncio sem correr para frente e para trás pelos corredores da igreja, minha mãe costumava me dar um prêmio, geralmente um doce. Se, por outro lado, eu me mexesse e fizesse barulho, nenhuma recompensa. Para mim, o bem e o mal eram essas coisas. Eram os meus caprichos e os sorrisos de minha mãe. As brincadeiras e as carícias do meu pai. As lágrimas e as consolações.

Uma criança normal, animada e alegre, sem sinais misteriosos sobre seu futuro. "Uma percepção mais clara do mal" – acrescenta – "eu a tive quando fui me confessar pela primeira vez. Lá eu entendi que o mal é um assunto sério, do qual é preciso emendar-se. Eles me ensinaram a confessar toda semana".

E acrescenta:

> Sempre fui acostumado a obedecer. A ideia de tornar-me sacerdote veio a mim quando eu tinha 12 anos. Era 1937. Eu a animei, obedecendo ao chamado de Deus. Nunca senti

fascínio por outros caminhos. Embora sempre tivesse relações muito cordiais com as meninas, sentia-me inclinado ao sacerdócio. Tive minhas paixões, sempre as deixando cruas. Mas foram úteis para mim porque, entre matrimônio e sacerdócio, fiz uma verdadeira escolha, e não uma escolha teórica.

Uma vocação precoce, sem dúvida: Gabriele quer ser padre. Afinal, o que esperar de diferente de um menino que se engaja ativamente na Ação Católica paroquial e na Associação São Vicente, que frequenta o catecismo com proveito, chegando até mesmo a ganhar uma viagem-prêmio para Roma, em 1936? Torna-se, também, presidente diocesano das crianças da Ação Católica e, depois, líder do grupo e vice-delegado dos aspirantes. Um líder, desde muito jovem.

Bom estudante no liceu clássico Muratori de Modena, onde se formará em 1943; desportista que pratica, sobretudo, esgrima e ciclismo, mostra dotes de disciplina, empenho e seriedade, e uma espiritualidade mais madura em relação à idade.

Enquanto isso, porém, a aventura do fascismo e de Benito Mussolini está se consumando da pior maneira possível. Aliando-se a Hitler, o *Duce*,[1] leva a Itália à guerra no dia 10 junho de 1940, quando Gabriele Amorth tinha apenas 15 anos. A nova carnificina assustadora, ainda pior que a primeira, fará o mundo sangrar por cinco terríveis anos, de 1940 a 1945, semeando morte, luto, fome e desespero na Itália. A Segunda Guerra Mundial perturba vidas e projetos, cidades e famílias, sonhos e esperanças. Oprime a vida de milhões de indivíduos, em uma espiral de violência

---

[1] *Duce* é uma palavra italiana que significa "líder". Também pode ser derivada da palavra latina *dux*, que possui o mesmo significado e de onde se deriva o título de nobreza duque. [N.T.]

desumana que culmina na *Shoah*, o extermínio nos campos de concentração nazistas de milhões de judeus, um genocídio sem precedentes e nunca sequer imaginado. O inferno na terra. Uma experiência demoníaca, cientificamente perseguida por homens contra outros homens, em um abismo de crueldade e abjeção que tem poucos precedentes na história da humanidade.

Com o mundo em chamas, o jovem Gabriele Amorth continua os seus estudos, sem deixar de lado seus planos de vida religiosa. Com efeito, no verão de 1942, em plena guerra, antes de começar o último ano do ensino médio, vai para Roma com o pároco para conhecer a ordem dos Passionistas ("Gostei dos Passionistas", explicará), tendo há algum tempo a ideia de ingressar em uma congregação, sem qualquer preferência, não tendo ainda nenhum conhecimento direto: "Sentia-me atraído para a vida de comunidade, para a vida em alguma ordem religiosa", conta a Rodari.

Essa viagem a Roma muda o curso de sua vida. Tem um encontro decisivo, o primeiro. Acontece que os Passionistas não têm lugar para receber Gabriele e seu pároco, em busca de uma cama para a noite. Eles aconselham bater às portas de outra congregação, os Paulinos de Pe. Alberione. Não há espaço lá também, mas eles os deixam dormir em dois leitos na enfermaria. E Gabriele Amorth conhece Pe. Tiago Alberione, um pequeno padre piemontês que fundou a Sociedade de São Paulo, confiando-lhe a tarefa de anunciar o Evangelho com os meios de comunicação modernos. É o encontro que decide o futuro do jovem candidato ao sacerdócio.

Ele confia a Pe. Alberione o desejo de tornar-se sacerdote.

> Aos 17 anos, no segundo colegial, conheci Pe. Tiago Alberione, fundador da Família Paulina, que me deu o impulso final.

> Eu perguntei a ele: "Mas, em suma, o que o Senhor quer de mim?". Eu queria que Deus me dissesse o que fazer, mas, graças a ele, entendi que tinha que decidir. Mas Deus interveio e um dia Pe. Alberione me disse: "Celebrarei a missa para você amanhã de manhã". E, depois da missa, ele me comunicou: "Entre na Sociedade de São Paulo!". "Está bem", respondi. No entanto, estava no segundo ano e então propus: "Termino o terceiro ano e depois entro".

Assim ele narra o encontro com o apóstolo da boa imprensa para Elisabetta Fezzi, em *La mia battaglia con Dio contro Satana* (*A minha batalha com Deus contra Satanás*).

Acrescenta outros detalhes sobre Pe. Alberione no livro de Saverio Gaeta *L'eredità segreta di don Amorth* (*A herança secreta de Pe. Amorth*):

> Ouvi falar dele, então pela primeira vez, com expressões que me deram confiança por me encontrar diante de um homem de Deus. Pensando que pudesse me ajudar a resolver o meu caso, pedi-lhe para rezar por mim e perguntar ao Senhor o que deveria fazer. Ele apenas me prometeu que, na manhã seguinte, celebraria a santa missa por mim. Estive presente para servi-lo (às 4h30 da manhã!), porque pensava que, me vendo presente, ele se lembraria de mim. Depois da missa fui falar com ele e ele se limitou a uma única expressão: "Ele me disse: entre em São Paulo". Ali, então, fiquei satisfeito e aceitei verdadeiramente essa resposta como proveniente do Senhor.

Aconteceu, depois, que no ano seguinte – 1943 – Pe. Alberione, passando por Modena, fosse hospedado pelo pároco de São Pedro. Gabriele está ciente do projeto do fundador: construir um grande santuário em Roma, dedicado a Nossa Senhora, em ação de graças por sua oração intercessória pela salvação dos Paulinos espalhados no mundo, no ardor da guerra. E, por isso, diz:

Na minha família, éramos cinco irmãos, todos em idade para serem militares. Pedi ao Primeiro Mestre para estender também à minha família esse voto e ele aceitou, garantindo disso também minha mãe, que não sabia nada sobre as minhas intenções para o futuro. Todos os cinco tivemos as nossas aventuras, mas saímos do conflito sãos e salvos. Minha mãe continuou repetindo até morrer que nós tínhamos sido salvos graças a essa intercessão e sempre enviou ofertas de ação de graças ao santuário *Regina Apostolorum* (construído na rua Alessandro Severo, em Roma, como cumprimento desse voto).

O acontecimento terá um peso decisivo na escolha do caminho religioso de Gabriele Amorth:

> Estava ciente do fato de Pe. Alberione ter consagrado com um voto seus filhos espirituais à Rainha dos Apóstolos, para que Nossa Senhora protegesse todos eles. Eu também fiz isso. Pedi a Pe. Alberione para consagrar-me e a todos os meus à Rainha dos Apóstolos. A guerra eclodiu. A guerra acabou. E eu, assim como todos os meus irmãos, não sofri nenhum dano. Nem mesmo uma bala me tocou. Até meus irmãos, apesar de passarem por terríveis perigos, saíram incólumes. Esse fato significou muito para mim. Até pouco antes de ser ordenado, em minha mente ainda havia uma dúvida inerente não tanto à própria ordenação sacerdotal em si, mas ao lugar onde Deus queria que me tornasse padre. Pensei: "Estou realmente certo ao entrar nos Paulinos? É verdadeiramente ali onde Deus me quer? Ou ele me quer em outra parte?". Afugentei minhas dúvidas no próprio dia da minha ordenação. Minha mãe saudou Pe. Alberione e disse-lhe: "É graças à consagração que fizestes a Nossa Senhora que meu Gabriele e seus irmãos foram salvos". Eu chorei de alegria. Com uma simples declaração, minha mãe me confirmou que Nossa Senhora me havia protegido graças à consagração de Pe. Alberione, e que era nos Paulinos que Ela me queria. Nossa Senhora me tinha salvado da morte durante a guerra para que eu me tornasse sacerdote e me tornasse padre nos Paulinos.

A estreita relação com Nossa Senhora será uma das pedras angulares de toda a vida de Gabriele Amorth. Aquela sua distante consagração pessoal à Mãe de Jesus o acompanhará para sempre. Até perguntar, e perguntar-se: "Por que as mães de hoje não consagram também os próprios filhos a Nossa Senhora? Não é preciso muito: uma simples oração feita por um sacerdote com essa intenção. Todos os bebês devem ser consagrados ao Imaculado Coração de Maria. Eles desfrutariam de uma proteção única". Porque esse gesto "significa erguer em torno da pessoa um escudo protetor invisível, mas impenetrável".

III
# O PARTIGIANO[1] "ALBERTO"

Mas a guerra está se aproximando, e logo há guerra também na Itália, nas cidades e vilas, entre italianos, alemães, aliados, todos contra todos. Aconteceu que, em 25 de julho de 1943, o Grande Conselho do Fascismo efetivamente destituiu Mussolini, que conduziu o país à beira de uma vergonhosa derrota. O rei o prende, os alemães o libertam, refugia-se no norte e funda a República social, a "República de Salò", do nome da cidade lombarda no Lago de Garda, onde Mussolini e os últimos hierarcas fiéis se refugiaram e se barricaram. Ele chama os jovens às armas, mas estes preferem esconder-se ou fugir para as montanhas. Depois de 8 de setembro, com a assinatura do armistício da Itália com os aliados anglo-americanos já desembarcados no sul, a dissolução do exército e a fuga do rei, de Roma para Bríndisi, nasce aquela que passará para a história como a Resistência. Os jovens tornam-se partigianos, organizam-se para combater alemães e fascistas e colaborar na libertação da Itália por parte dos aliados.

---
[1] Os partigianos são os *partisans* da Itália, grupos organizados de resistência contra o fascismo na Europa. Mas a origem é mais antiga: vem das guerrilhas que existiam desde as guerras napoleônicas. Já o termo *partisans* surgiu na Espanha durante o regime de Franco, nos anos 30. Na prática: um membro de uma tropa irregular formada para se opor à ocupação e ao controle estrangeiro de uma determinada área. Os *partisans* operavam atrás das linhas inimigas. Tinham por objetivo atrapalhar a comunicação, roubar cargas e executar tarefas de sabotagem. [N.T.]

Gabriele narra:

> Então, em vez disso, houve a guerra: não senti vontade de abandonar os meus irmãos e a minha família durante esse período, então eu disse: "Eu me matriculo na universidade primeiro". "Certo", respondeu Pe. Alberione. Então me matriculei em direito, fiz a guerra, recebi também uma medalha do mérito militar pela guerra partigiana nas montanhas e nas planícies de Modena. Depois entrei para a Democracia Cristã, porque a Constituição era iminente e, portanto, todos concordamos em dizer: "Agora temos que nos comprometer com a Constituição, depois cada um faça aquilo que quiser".

Assim, ele ainda adia a entrada entre os Paulinos. Antes, quer dar a sua contribuição como cristão para a libertação e o renascimento da pátria, como acontecerá em 25 de abril de 1945, quando a Segunda Guerra Mundial finalmente terminar, com o assassinato de Mussolini pelos partigianos e o nascimento dos primeiros governos, para liderar os partidos que conduziram a Resistência.

Gabriele Amorth deu seu sustento incondicional à Resistência. Dirá Giuseppe Dossetti, então assistente universitário entre os protagonistas da luta partigiana na Emília, futuro constituinte, um dos fundadores da Democracia Cristã de De Gasperi, da qual será vice-secretário, candidato derrotado a prefeito de Bolonha contra o comunista Dozza e, finalmente, padre e monge, presente no Concílio Vaticano II, colaborador do arcebispo de Bolonha, cardeal Lercaro, fundador de uma comunidade religiosa: "Começamos a nos encontrar na casa dos Padovani, com padre Giacon, que foi meu professor de religião, que garantia, por assim dizer, a ortodoxia do pensamento, e depois Vanni Rovighi, Lazzati, Fanfani, Amorth". É primavera de 1943, antes de 25 de julho e de 8 de setembro, e já os jovens católicos se reúnem em segredo para planejar um futuro diferente do presente sombrio. E entre eles está Gabriele, que tem apenas 18 anos e quer tornar-se um padre. Giuseppe Lazzati será deputado, jornalista (dirigindo *L'Italia*, jornal católico, a pedido do cardeal Giovanni Battista Montini, arcebispo de Milão e futuro papa Paulo VI), professor, reitor da Universidade Católica e, finalmente, a caminho da santidade (canonizado em 14/10/2018). Amintore Fanfani escolherá a política, tornando-se deputado e senador, ministro e secretário da Democracia Cristã, presidente do Conselho e do Senado.

Não existem episódios de resistência específicos para narrar: sabe-se que Gabriele Amorth escolhe o nome de guerra de "Alberto" e milita na formação partigiana católica chamada "Brigada Itália", liderada por Ermanno Gorrieri, cujo nome de batalha é "Cláudio". Outra figura eminente do catolicismo italiano: nascido em 1920, em Sassuolo, entre os promotores da República partigiana de Montefiorino, nas montanhas entre Modena e Reggio Emília, um dos fundadores do sindicato "branco" CISL (Confederação Italiana dos Sindicatos de Trabalhadores). Foi deputado democrata cristão, ministro e, finalmente, em 1993, criador, com Pierre Carniti, dos Cristãos Sociais, que, concluída a experiência democrata-cristã, não confluíram no novo Partido Popular de Mino Martinazzoli, passando em seguida a fazer parte dos Democratas de Esquerda, ou seja, o antigo Partido Comunista.

Gorrieri organiza conferências clandestinas na paróquia de São Pedro, no outono de 1943: junto com Dossetti, discute-se sobre o futuro da Itália, sobre as esperanças e expectativas de um punhado de jovens católicos generosos e corajosos, provavelmente inconscientes dos perigos e dos sofrimentos que ainda os aguardam. Mas enfim: o desejo de ver o país livre do fascismo e dos ocupantes nazistas é suficiente para superar, ou pelo menos negligenciar, o medo. Ainda está, em grande parte, a ser explorada a contribuição católica à Resistência: no pós-guerra e durante muito tempo, prevalecerá a ideia de que tenha sido conduzida quase exclusivamente por formações partigianas de esquerda, especialmente comunistas. Visão incompleta e distorcida de publicações e historiadores tendenciosos. Hoje, finalmente, olha-se com maior objetividade e completude aos fatos daqueles anos dramáticos e dolorosos.

No livro de Saverio Gaeta, ele diz:

> Em Modena, realizou-se uma primeira reunião, organizada por Ermanno, mas chefiada por Gianfranco Ferrari, realizada nas dependências da Ação Católica (junto às prisões), na qual se falou principalmente da distribuição de folhas mimeografadas, e os jovens foram convidados a não entrar entre os *repubblichini*[2] (fascistas), mas sim a ir para as montanhas. A partir desse momento, meu relacionamento com Ermanno se tornou cada vez mais estreito. Encontrava-o quando descia da montanha, e eu trabalhava na planície, para formar grupos de partigianos e para suprir de alimentos e de roupas os que estavam nas montanhas. Uma noite, Ermanno e eu fomos capturados por dois soldados fascistas, em frente ao cemitério de Formigine. Sabíamos muito bem que se tivéssemos sido levados por eles, teríamos sido mortos. Conseguimos fugir, pelos campos cobertos de neve, sob as rajadas dos dois republicanos, e continuamos a luta.

De setembro de 1943 a abril de 1945, a Itália é um campo de batalha: partigianos e aliados de um lado, fascistas de

---

[2] Termo zombeteiro já utilizado por Dino Alfieri em relação aos republicanos de seu tempo, retomado durante a Resistência (1943-1945) para designar os soldados chamados de volta às armas pelo governo fascista da República Social Italiana e, em sentido mais genérico, aqueles que se juntaram a essa república: um bando de republicanos. [N.T.]

Salò e nazistas do outro. Escorre muito sangue: morrem os soldados, como é inevitável em uma guerra tão sangrenta; mas também morrem demasiadas pessoas inocentes, vítimas das represálias nazifascistas, dos bombardeamentos aliados, de certos excessos partigianos. Não será fácil reconstruir o país sob o peso dos ódios, dos rancores, dos desejos de vingança, da violência que se apoderou de muitos, e dos escombros materiais e espirituais que cobrem a Itália.

E caberá exatamente aos católicos comprometerem-se com a reconstrução. Na primeira fila estará a Democracia Cristã de Alcide De Gasperi, "filha" da experiência do Partido Popular de Pe. Sturzo, na qual convergem os jovens que fizeram a Resistência: Dossetti, Gorrieri, Fanfani, depois Moro, La Pira, Mattei, Marcora, Taviani e muitos outros. "A melhor juventude" católica será protagonista de uma extraordinária temporada de renascimento e renovação da Itália, junto, naturalmente, com todos os outros protagonistas da luta de libertação: comunistas, socialistas, liberais, acionistas, monarquistas, junto aos soldados, aos sacerdotes, aos homens e às mulheres que deram uma contribuição vital nos dias terríveis da guerra e do pós-guerra.

Gabriele Amorth obterá reconhecimento público do seu compromisso partigiano, como recorda Saverio Gaeta:

> Em 10 de agosto de 1948, a Comissão Regional da Emília--Romanha lhe reconhece as progressivas qualificações hierárquicas partigianas: comandante de treinamento com quarenta homens, correspondente ao subtenente (5 de novembro de 1943 – 10 de março de 1944), comandante de treinamento com 105 homens, correspondente a tenente (11 de março de 1944 – 20 de novembro de 1944), comissário de treinamento com 225 homens, correspondente a capitão (21 de novembro de 1944 – 31 de dezembro de 1944), comissário

de treinamento com 560 homens, correspondente a capitão (1º de janeiro de 1945 – 30 de maio de 1945). Por tal atividade, foi também condecorado, por determinação do VI Comando Militar Territorial de Bolonha de 31 de janeiro de 1954, com a cruz do mérito de guerra por atividade partigiana, com a consequente inscrição no Instituto da fita azul entre combatentes condecorados pela bravura militar.

Uma participação que é tudo, menos simbólica, portanto, na experiência de resistência, para um jovem entre os 18 e 20 anos que cultiva o desejo de tornar-se padre. Gabriele Amorth poderia agora também seguir outros caminhos: o da política, por exemplo, caminho empreendido, como se viu, por vários de seus companheiros partigianos. E, de fato, conta: "Aos 21 anos, em 1946, fui nomeado vice-delegado nacional do então presidente dos movimentos juvenis da Democracia Cristã, Giulio Andreotti".

# IV
# UM PACTO COM PE. ALBERIONE

Evidentemente existe o material de um político, e alguém se apercebeu disso. Muitos jovens como ele terão uma grande carreira na nova Itália. Há espaços extraordinários para um jovem inteligente, com todos esses méritos partigianos, então.

Ele não se subtrai, colabora na preparação da Constituinte, a assembleia que deverá dar ao país a nova Constituição, eleita em 2 de junho de 1946, contextualmente ao referendo que escolherá a República como nova forma de Estado, condenando ao exílio o último rei da Itália, o inocente Humberto II. Mas depois disse "basta". Sente que a política não é para ele. Ou melhor, que o sacerdócio é exatamente para ele: é o caminho escolhido aos 13 anos, e é sempre válido. Fez um "pacto" com Deus. E um com Pe. Alberione.

Ele diz:

> Na época, eu estava ligado ao grupo político de Giorgio La Pira, Giuseppe Dossetti, Amintore Fanfani e Giuseppe Lazzati. Quando Andreotti foi promovido à secretaria da presidência do Conselho, me propuseram que eu tomasse seu lugar. Eu não pensei sobre isso por um momento. Deixei a política. E busquei o meu lugar entre os mais fiéis de Deus. Cheguei até Pe. Alberione. Tornei-me Paulino. Fui ordenado sacerdote em 1954. De 1954 a 1986, durante 32 anos, fui um simples sacerdote paulino com cargos em vários níveis na *liderança* do grupo.

Dito desse modo, parece fácil. Na realidade, ainda há muitas coisas para lembrar sobre aquele pós-guerra cheio de esperanças e até de sonhos (e alguns pesadelos). Após a experiência partigiana, Amorth, estudante de direito, ingressa na Fuci, a Federação Universitária Católica Italiana, que tem como referência o jovem monsenhor bresciano Giovanni Battista Montini, futuro Paulo VI. Também será orientado por dois, que farão as pessoas falarem de si por muito tempo na política: Aldo Moro e Giulio Andreotti.

Saverio Gaeta diz que estará presente como delegado nos congressos nacionais da organização e que,

> contemporaneamente, participou dos primeiros passos da Democracia Cristã, da qual já no período clandestino havia iniciado grupos em várias áreas da baixa Modena. Foi o primeiro eleito para a representação estudantil da Universidade de Modena e foi nomeado delegado provincial dos jovens democrata-cristãos. Nessa qualidade, esteve presente em Assis no primeiro encontro nacional dos grupos juvenis da Democracia Cristã, com a posterior nomeação como vice-delegado nacional, do fim de 1946 ao primeiro semestre de 1947; o delegado nacional era Giulio Andreotti, que, em 1º de junho de 1947, tornou-se subsecretário da presidência do Conselho. A liderança democrata-cristã pediu a Amorth que ocupasse seu lugar como guia dos jovens, mas agora sua vocação religiosa estava definitivamente amadurecida, de modo que a proposta foi recusada.

Alcide De Gasperi, presidente do Conselho (primeiro-ministro), chama ao seu lado o jovem Andreotti, de 28 anos. E para Gabriele Amorth abre-se uma possibilidade extraordinária de compromisso político, que poderia levá-lo a ocupar altos cargos no futuro.

Ele escolheu diversamente, provavelmente decepcionando alguém e surpreendendo outros: como é possível recusar semelhante proposta? Humanamente incompreensível e inexplicável. Para os outros, não para ele. De fato, ele conta a Elisabetta Fezzi:

> Eu pertencia a um grupo liderado por Giuseppe Dossetti, meu professor de direito canônico na Universidade de Modena, que lecionava na Católica e se deslocava entre Milão, Modena e Reggio Emília. Fanfani, Lazzati, La Pira pertenciam a esse grupo: eram poucas pessoas de grande valor. Após a promulgação da Constituição, cada um seguiu seu caminho: Fanfani permaneceu na política, Dossetti restou com o cardeal Lercaro, que o propôs, de maneira errada, nas eleições municipais de Bolonha. Então ele se tornou religioso e fundou uma congregação muito rígida, tanto masculina quanto feminina. Lazzati foi para a Universidade Católica e eu me tornei vice-delegado nacional da Juventude Democrata Cristã, vice de Andreotti. Quando Andreotti entrou no governo, ele se demitiu da Juventude Democrata Cristã, e eu senti que eles me nomeariam unanimemente em seu lugar. Por isso, pedi demissão também, porque percebi que, se me deixasse prender pela política, nunca sairia dela, mas queria ser fiel aos acordos com Pe. Alberione. Então me retirei, me formei nos quatro anos regulamentares em direito e ingressei imediatamente na São Paulo; fiz o noviciado em Alba, depois os anos de teologia em Roma, e, em 24 de janeiro de 1954, fui ordenado sacerdote. Era o centenário do dogma da Imaculada Conceição, por isso atrasaram a primeira missa, para ser celebrada no ano mariano.

Formou-se em 1946, com uma tese sobre "Rosmini e a Constituição do Estado": nada casual, significando a tensão e a atenção de Gabriele Amorth pelo futuro da Itália. Mas a vocação religiosa é mais forte, não vacilou sequer nos tempos sombrios da guerra, e agora está se fazendo sentir novamente, a fim de empurrá-lo para algo mais alto e maior que a parcialidade, que o "partidarismo" político: o serviço a Deus e à sua Igreja, uma missão universal dirigida a todos os homens da terra.

Assim, vamos a Alba, a pequena capital das Langhe[1] piemontesas, coração da intuição de Pe. Tiago Alberione. A pátria dos Paulinos e das Paulinas, que serão os apóstolos modernos do Evangelho, levando a Palavra de Deus a todos os cantos do mundo com os instrumentos da comunicação social: livros, jornais, cinema, televisão, até os dias da internet, das redes sociais e do campo digital.

E, aqui, trata-se de conhecer um pouco mais de perto o pequeno padre de São Lourenço de Fossano, nascido em 1884. Ainda menino, entrou no seminário de Alba, para estudar filosofia e teologia, e, na noite entre 31 de dezembro de 1900 e 1º de janeiro de 1901 – portanto, entre os dois séculos –, quando em oração na catedral, entre o *Te Deum* de ação de graças, missa com comunhão e adoração eucarística até de manhã, ele "descobre" sua vocação. Nenhuma revelação ou iluminação particular, lembremo-nos disso. Ele não ouve vozes ou vê sinais divinos. Pelo contrário, é uma consciência, uma inspiração que ainda é muito vaga, nada clara. Parece mais um aviso para preparar-se para fazer algo importante. Um aguilhão que nunca abandonará o jovem camponês de 16 anos. Muitos anos depois, falando de si mesmo na terceira pessoa, escreveu: "Sentiu-se obrigado a servir a Igreja, os homens do seu século e trabalhar com outros".

Ali, naquela noite entre os séculos XIX e XX, nasceram os Paulinos. Não imediatamente, é claro; de fato, Pe. Alberione experimentará dificuldades e dolorosos esforços para

---

[1] Na geologia, é o nome dado, especialmente no Piemonte (Itália), a relevos com grande incidência de colinas ou montanhosos, com cristas alongadas e finas. [N.T.]

dar vida à nova congregação. Mas a semente está lançada e, nos próximos anos e décadas, dará frutos abundantes. A intuição extraordinária será a de fundar uma nova família religiosa, cuja razão social seja o anúncio do Evangelho por intermédio dos meios de comunicação social. Chegar com os novos meios aonde as pessoas vivem, chegar até quem não põe os pés na igreja, levar a Boa-nova ao mundo inteiro, seguindo o exemplo do apóstolo Paulo.

Pe. Silvio Sassi, um dos sucessores de Pe. Alberione à frente dos Paulinos, escreve:

> Fascinado pela personalidade do apóstolo São Paulo, Pe. Alberione atualiza a missão do apóstolo dos gentios: "A expressão de Dom Ketteler, arcebispo de Mainz, espalhou-se pelo mundo inteiro: se São Paulo voltasse ao mundo, ele se tornaria jornalista, e eu acredito firmemente nisso". São Paulo vive novamente no apostolado da imprensa.

Portanto, seguindo o exemplo do Apóstolo, é necessário inventar novas e modernas formas de dizer e repetir a Palavra eterna.

Pe. Sassi acrescenta:

> Como não se trata de fazer nascer uma simples editora católica na Igreja, mas uma *sociedade de apóstolos* dedicada à evangelização em tempo integral, Pe. Alberione abandona a ideia inicial de formar uma organização de leigos, para fundar uma congregação religiosa onde os membros se engajem na santificação pessoal e na obra missionária da publicação impressa. A *pregação oral* é confiada pela Igreja ao sacerdote; mesmo a *pregação escrita* deve ser feita pelo sacerdote-escritor. Como na paróquia há colaboradores do sacerdote, também o padre-escritor precisa de colaboradores para poder realizar o apostolado da imprensa, que inclui a fase redacional,

a imprensa técnica e a divulgação junto ao público. É preciso uma organização forte: a *paróquia* paulina.

E, portanto, aqui está a vinha do Senhor confiada a Tiago Alberione, filho de camponeses, e aos seus seguidores e sucessores. Um percurso novo e inédito, que provocará mais do que uma crítica malévola, mais do que uma censura e uma fofoca contra aquele padre um tanto revolucionário, sempre em busca de novas vocações, a serem "arrancadas" das dioceses, e de dinheiro, para construir a sua *catedral*, feita de máquinas de impressão, papel e tinta. Os começos certamente não são fáceis, mas o temperamento do homem – mesmo que tão pequeno e frágil na aparência – é o dos camponeses piemonteses, de cabeça baixa, poucas palavras e muito esforço.

Continua ainda o padre Sassi:

> O apostolado da imprensa é o carisma específico do sacerdote-escritor da Sociedade de São Paulo (primeira congregação fundada pelo Padre Alberione, em 20 de agosto de 1914), coadjuvado pelo leigo consagrado (Discípulos do Divino Mestre) e pelas Filhas de São Paulo (fundadas em 15 de junho de 1915). Irmãs e leigos consagrados paulinos, enxertados na consagração dos sacerdotes Paulinos, adquirem um *quase-sacerdócio*, porque, ao tornarem possível, em todos os três aspectos, o apostolado da imprensa, contribuem para a eficácia sobrenatural da editora Paulina.

Assim, de Alba, se irradia a presença de homens e mulheres dedicados ao anúncio do Evangelho em todo o mundo, com a ampla circulação de livros e jornais: Pe. Alberione quer uma Bíblia em cada família, e desencadeia seus seguidores, por qualquer meio, para levá-la às casas a preços acessíveis. Funda um jornal que chamará de *Família Cristã*, que passou a ser leitura transmitida de geração em geração, alcançando milhares de exemplares. Abrirá livrarias, tentará a sorte no cinema, no rádio e na televisão, encontrando – entre outras coisas – o apoio convicto e indiscutível do papa Paulo VI.

> Para assegurar o desenvolvimento do apostolado, para permitir a formação dos jovens Paulinos e a consolidação das estruturas necessárias, nasceu a associação de colaboradoras e colaboradores leigos (*Cooperadores Paulinos*, 30/6/1917). A atividade fundacional de Pe. Alberione inclui também as *Pias Discípulas do Divino Mestre* (10/2/1924), as *Irmãs de Jesus Bom Pastor* (*Pastorinhas*, 7/10/1938), o *Instituto Maria Rainha dos Apóstolos* (*Apostolinas*, 8/9/1959), os institutos seculares *Jesus Sacerdote*, *São Gabriel Arcanjo*, *Maria Santíssima Anunciada*, *Santa Família* (fundados a partir de 1957 e aprovados em 8/4/1960). Todos os institutos, por vontade expressa do fundador, formam a *Família Paulina*; sua autonomia é pensada em vista da complementaridade: envolver no apostolado da imprensa todos os componentes e as formas de vida eclesiais; para evidenciar de modo especial uma característica de todos (a necessidade fundamental da contemplação, a colaboração com os sacerdotes da paróquia, a necessidade de vocações etc.). Ao participar do Concílio Ecumênico Vaticano II, a melhor contribuição de Pe. Alberione não são suas intervenções na sala, mas o que já realizou na Igreja como pioneiro: *A atividade Paulina é declarada apostolado, ao lado da pregação oral, declarada de alta estima perante a Igreja e o mundo*. Pe. Alberione argumenta com as obras (Pe. Silvio Sassi).

Depois de uma vida longa e laboriosa, Pe. Tiago Alberione, o "Primeiro Mestre" dos Paulinos, morreu em Roma, na Casa Generalícia da rua Alessandro Severo, 58. Uma hora antes, o papa Paulo VI estava ajoelhado ao lado de seu leito. "Primeiro Mestre, Sua Santidade está aqui", tenta em vão chamar sua atenção a irmã Judite, que o assiste. Ele não ouve mais. Paulo VI, então, se ajoelha ao lado da cama e reza. Dá-lhe a absolvição em latim. Então, depois de um olhar no pequeno quarto onde se encontra o moribundo, coloca uma mensagem em um registro: "*In nomine Domini, Paulus PP VI,* 26 de novembro de 1971". O selo de Pedro sobre uma vida extraordinária e única, que se conclui apenas uma hora depois dessa visita, às 18h25.

Trinta e dois anos depois, outro papa, João Paulo II, na praça de São Pedro, inclui o nome de Tiago Alberione nas fileiras dos beatos. O profeta das comunicações sociais alcançou seu objetivo: a santificação pessoal. A pequena semente do passado produziu uma árvore gigantesca, cujos bons frutos continuam a se difundir na Igreja.

V

# DE PIO A JOÃO

Eis quem é o homem ao qual Gabriele Amorth confia a si mesmo e o seu futuro. Chega então a Alba, no outono de 1947, um jovem de 22 anos, já um especialista no mundo, depois de seus estudos, da Resistência e da política. Torna-se sacerdote seis anos depois, em 24 de janeiro de 1954, junto com outros quatorze companheiros, em Roma, pelas mãos do bispo de Nórcia, dom Ilario Roatta, piemontês de Ormea, falecido em Vicoforte, na província de Cuneo.

Gabriele Amorth é um homem espirituoso. Para a ocasião, sugeriu aos irmãos uma frase para o convite da sua ordenação: "A família Amorth, lambendo os bigodes, anuncia o *pretonzolato*[1] de Gabriele". Pe. Alberione dirige-se ao *pretonzolo* e aos seus confrades com estas palavras: "Sede os ministros da verdade na caridade: esta verdade forme em vós a esperança que anseia pela recompensa; e caridade que se consome para que toda a vossa vida e as vossas energias se consumam pelo Senhor". Pe. Gabriele celebra a primeira missa na sua igreja paroquial de São Pedro, em Modena, onde foi batizado. E, no sermão, ele diz que o sacerdote é

---

[1] Pretzel é um tipo de pão muito popular entre as populações de língua alemã, sendo, por isso, bastante difundido na Alemanha, Áustria, Suíça e, também, nas regiões da Alsácia e do Alto Adige italiano. Em forma de nó, é seco, estaladiço, habitualmente assado, podendo ser doce ou salgado. Como em italiano padre é prete, foi possível e compreensível fazer esse trocadilho. [N.T.]

um anunciador de alegria e nutridor de esperança, porque recorda a todos que, depois deste mundo, há outro infinitamente melhor. É verdade que a sua missão é superior às capacidades humanas, mas não se deve desanimar com isso: para o cumprimento da sua obra, é concedida uma superabundância de graças que nunca lhe faltarão. Portanto, mesmo um homem mesquinho e inadequado, pelo simples fato de ser sacerdote, é dotado de uma força sobrenatural, que lhe permite realizar coisas excepcionais.

**Agora, aos 29 anos, é padre, agora é paulino.** Destino: Alba, como é natural, o berço dos filhos e das filhas espirituais de Pe. Alberione, a casa onde o Primeiro Mestre lançou os alicerces de sua Família. Ali o novo sacerdote começa o seu serviço na boa imprensa. Ele logo se tornou diretor de *L'Aurora*, pequena publicação mensal da época. Mas também ensinou no seminário interno da Congregação, que naqueles anos estava bastante cheio. Ele explicará: "Nos primeiros dias, eu estava em Alba como diretor espiritual de um grupo de jovens; ensinei italiano em nossa escola secundária interna; comecei a escrever artigos na *Família Cristã* e outros jornais da São Paulo e, também, a pregar em retiros e exercícios espirituais".

Pe. Alberione é assim: os seus, coloca-os imediatamente no trabalho, no campo, não quer ouvir histórias. A messe é abundante, os operários são muito poucos. Ele sempre fez assim, enviando muitos jovens inexperientes ao redor do mundo, sem dinheiro, nem mesmo com muita instrução. Como Jesus, ele enviava os discípulos em seu tempo: um alforje nos ombros, sandálias nos pés. E os pés dos Paulinos gastaram as sandálias, indo incansavelmente aos lugares mais desconhecidos e misteriosos, às vezes assustadores, e voltando vitoriosos, tendo levado por toda parte a Palavra de Deus que os impulsiona: "Ide, pregai por todo o mundo, batizai em nome do Pai, do Filho e do Espírito Santo" (cf. Mt 28,19).

Um ano crucial, para Pe. Gabriele Amorth, é 1958, como ele mesmo conta a Elisabetta Fezzi:

> Mil novecentos e cinquenta e oito foi um ano um pouco complicado, porque Pe. Alberione me disse: "Renuncia aos encargos que tens em Alba, porque temos necessidade de ti em Bolonha, no jornal *Avvenire d'Italia*".[2] Mesmo se não foi de propósito, eu já era amigo do diretor Raimondo Manzini, ainda que Pe. Alberione não o soubesse: parecia que pretendiam vender o jornal à Sociedade de São Paulo. Em vez disso, esse plano se desvaneceu, mas nasceu outro: padre Agostino Gemelli perguntou ao Pe. Alberione se ele me deixaria livre para ir a Milão, para ser o diretor espiritual dos universitários da Católica. Bem, eu aceitei. Mas, depois de pouco tempo, Pe. Alberione me disse: "Renuncia a isso também, porque temos necessidade de ti para outra tarefa...". E então isso também desapareceu novamente. Em suma, naquele ano, tudo desapareceu. Então vim a Roma para o escritório das Edições, e ali começou aquela que foi a mais bela aventura da minha vida: naquele ano em que estava quase desempregado (em Roma sem um encargo fixo, um pouco estava no escritório da editora, e um pouco não), tive a ideia, sugerida por um confrade que morreu em conceito de santidade, Pe. Stefano Lamera, de consagrar a Itália ao Imaculado Coração de Maria: nunca tinha sido consagrada, nunca!

---

[2] Hoje, *Avvenire* é um jornal italiano de circulação nacional, pertencente à Conferência Episcopal Italiana, fundado em 4 de dezembro de 1968 em Milão. Nasceu, de fato, da fusão de dois jornais católicos: *L'Italia*, de Milão, e *L'Avvenire d'Italia*, de Bolonha (de onde retirou o seu nome). Entre os jornais italianos, ocupa o quarto lugar no *ranking* de circulação. [N.T.]

Pe. Amorth sempre teve uma fraqueza por Nossa Senhora: ocupar-se-á de jornais marianos, escreverá sobre isso em vários livros. Portanto, a ideia de uma consagração da Itália à Mãe de Deus o entusiasma e ele está totalmente imerso nela.

No fundo, o país ainda é profundamente católico, como demonstram as eleições políticas de 1948, quando a Democracia Cristã obteve a maioria absoluta, após uma campanha eleitoral acirrada contra o bloco social-comunista de Togliatti e Nenni. De Gasperi guiou a reconstrução como chefe do Governo até 1953, quando foi posto para fora por seus próprios companheiros de partido. Entre os líderes do momento, está um velho amigo do Pe. Amorth, aquele Amintore Fanfani, com quem fez a Resistência e planejou o futuro.

O papa também mudou: o 260º vigário de Cristo, Pio XII, Eugenio Pacelli, que sucedeu a Pio XI Ratti, em 2 de março de 1939, e faleceu em 9 de outubro de 1958, em Castelgandolfo, depois de um longo pontificado de quase vinte anos, incluindo o trágico interlúdio bélico de 1940-45. Ele, cujo lema era *Opus iustitiae pax*, teve de enfrentar a guerra mais assustadora de todos os tempos, com milhões de mortos, povos cristãos contra povos cristãos, também sendo duramente criticado por não fazer o suficiente em defesa dos judeus deportados para campos de concentração nazistas. Ele, a quem Hitler queria prender, a ponto de induzi-lo a preparar um plano: se os alemães tivessem entrado no Vaticano, ele teria renunciado, fazendo-os encontrar, no lugar de Pio XII, o cardeal Eugenio Pacelli, e assim permitindo à Igreja eleger um novo Pedro. Essas "sombras" sobre seus supostos silêncios pesam no caminho da santidade, iniciado, mas ainda não concluído, apesar de, nos terríveis anos do conflito, por seu impulso, bispos, padres, frades e freiras terem feito o máximo para socorrer os judeus, escondidos, com risco à vida, em conventos, igrejas, sacristias, casas e prédios; apesar dos muitos atos de heroísmo de homens e mulheres da Igreja, que pagaram com a morte por seu compromisso com os perseguidos e com a pacificação do país.

O novo papa se chamará João. É o cardeal Angelo Giuseppe Roncalli, de Sotto il Monte, Bergamo, patriarca de Veneza. Os 51 senhores cardeais do Conclave o elegeram em 28 de outubro de 1958, um mês antes de completar 77 anos, tendo nascido em 25 de novembro de 1881, em uma grande família camponesa. Ele toma o nome de João XXIII e liderará a Igreja por apenas cinco anos, até 3 de junho de 1963. Mas deixará sua marca, convocando o Concílio Ecumênico Vaticano II, posteriormente concluído por Paulo VI, e mostrando ao mundo o rosto paterno e bom da Igreja, depois dos anos severos do papa Pio XII. Quando, na Capela Sistina, lhe perguntam por qual nome queria ser chamado, responde: "*Vocabor Johannes*", "Chamar-me-ei João". Não só pelo Batista e pelo evangelista, explica de imediato, mas "porque é o nome do meu pai". Seu lema é *Oboedientia et pax*, obediência e paz: um programa muito claro.

Assim, naquele outono de 1958, enquanto o novo pontífice começa a "ser papa", o jovem padre Gabriele Amorth trabalha para consagrar a Itália a Maria. Um empreendimento gigantesco, que envolverá todo o país, de norte a sul, e passará à história como um dos momentos de maior exposição do mundo católico, na Itália que mostra os primeiros sinais de mudança religiosa, cultural e, especialmente, econômica. Consagração a Nossa Senhora? O que isso significa? Não será uma iniciativa anacrônica, um inútil "teste de força" dos católicos, que percebem como o mundo inteiro está em uma nova e inédita passagem histórica, que os vê (e os verá sempre mais) em uma posição subordinada em relação ao passado? O risco provavelmente existe, mas não para a máquina organizacional, e não freia o entusiasmo dos promotores.

Pe. Amorth contará:

> Para a questão do *Avvenire d'Italia*, fiz amizade com o cardeal Lercaro; escrevi para ele e ele me agradeceu por essa ideia, a fez sua e conseguiu a aprovação da Conferência Episcopal Italiana. Que sucesso teve o Senhor! Mas eu tinha feito tudo muito grande: tinha escrito para Lercaro, que imediatamente aceitou e expôs o projeto à CEI, que então tinha 25 membros. Mas, no entretempo, eu os havia catequizado quase todos; e assim, quando se levantaram as mãos para aprovar a consagração da Itália ao Imaculado Coração de Maria, levantaram-se mais mãos do que o número dos presentes, porque muitos levantaram as duas mãos! Lercaro não sabia, mas eu tinha ido aos vários bispos para prepará-los para esse evento improvisado. Aí ele me nomeou secretário da comissão organizadora e me disse: "Faze tudo!". E assim, em 1958 e 1959, dediquei-me à consagração da Itália ao Imaculado Coração de Maria, encontrando todas as portas escancaradas, com todos os bispos que aprovaram imediatamente o plano: havia pouquíssimo tempo para prepará-la.

O empreendimento singular e inédito marca uma etapa fundamental na relação de Pe. Amorth com Maria, a Mãe de Jesus. Ele dirá a Rodari:

> Minha vida foi marcada por Nossa Senhora. Isso se manifestou de forma poderosa em 1959. Em 13 de setembro daquele ano, a Itália foi consagrada ao Imaculado Coração de Maria. Tudo aconteceu em Catânia. Foi o ápice do XVI Congresso Eucarístico Nacional. Foi uma admirável sinfonia entre culto eucarístico e veneração de Maria. Com esse evento, se queria devolver a nação a Nossa Senhora para um despertar

da fé, uma participação maior no culto eclesial e um novo compromisso cristão com a sociedade. Surpreendentemente, fui encarregado da coordenação de todo o evento. Não só isso, também tive que trabalhar nos meses anteriores para que a imagem de Nossa Senhora de Fátima chegasse a todas as capitais italianas. Foi um ano de muito trabalho. Um ano dedicado a Nossa Senhora, ao reino da luz.

Como fazer? O que significa, concretamente, consagrar a Itália a Maria? Novidade absoluta, não há precedentes que se possam evocar. É preciso inventar do zero. Pe. Amorth nos dirá:

> Um jesuíta, padre Mason, nos sugeriu: "Mandem vir Nossa Senhora de Fátima e seja ela a pregar em seu lugar, vá de helicóptero em todas capitais das províncias". O helicóptero era a única maneira de ser rápidos, o conseguimos graças à ajuda de Andreotti, que sempre me ajudou. Bem, preparamos o calendário e imediatamente todos os bispos o aprovaram. Assim, começamos em 25 de abril de 1959 em Nápoles e percorremos todas as capitais das províncias até o final do verão: a consagração da Itália foi feita em Catânia durante o Congresso Eucarístico Nacional, em 13 de setembro. Tínhamos poucos meses e deveríamos andar por todos os lugares, independentemente se fosse domingo ou se fosse dia de semana... Um ou dois dias em cada cidade, e depois íamos embora.

Um empreendimento gigantesco, que envolverá todas as províncias da Itália, com a chegada de Nossa Senhora de Fátima de helicóptero, acolhida em todos os lugares sob os aplausos comovidos de multidões.

É o país recentemente reconstruído, ainda guiado pela Democracia Cristã, que está, no entanto, modificando-se de agrícola em industrial, com os inevitáveis custos e benefícios. Começa-se a falar (e agir) para envolver no governo a esquerda, a socialista pelo menos, e, enquanto isso, pouco a pouco, vão-se modificando imperceptivelmente os costumes; a televisão unificou a Itália, mas também a está mudando, nem sempre para melhor. O país está em crise, e a Igreja também: a novidade do Concílio do papa João está prestes a chegar. E, no entanto, o mundo não está percebendo: na União Soviética, comanda com firmeza Khrushchev, que arquivou definitivamente os horrores do stalinismo, perpetrando, contudo, os erros do comunismo; nos Estados Unidos da América, a presidência de um jovem católico irlandês, John Fitzgerald Kennedy, está prestes a começar. A mídia muitas vezes põe lado a lado os três líderes – Khrushchev, Kennedy, João XXIII – para falar das novidades e esperanças de um futuro sem guerras e sem pobreza, uma nova primavera para o mundo e para a Igreja.

Nossa Senhora peregrina e a consagração da Itália a Maria permanecem uma página inesquecível na história cristã do país. Certamente, não agradou a todos: os não crentes, os anticlericais, as esquerdas contestaram a manifestação, indicando-a como uma forma de devoção exasperada e anacrônica, atacando-a em tom político, considerando-a como uma iniciativa de caráter eleitoral, de propaganda democrata-cristã. Mas as multidões apreciaram, participando em massa dos momentos públicos em torno da imagem de Maria, que vinha especialmente de Fátima, cidade portuguesa onde Nossa Senhora apareceu pela primeira vez aos pastorinhos Lúcia, Francisco e Jacinta, em 13 de maio de 1917.

Pe. Amorth fez Nossa Senhora passar por pelo menos duas etapas imprevistas. Uma por Padre Pio, e outra por Padre Alberione. Ele diz:

> Como eu estava organizando as coisas, e já era filho espiritual do Padre Pio há alguns anos, reservei um dia para Nossa Senhora ir até ele: 5 de agosto. Ainda lembro que, por algum motivo, havíamos marcado anteriormente dois dias em Benevento. Então escrevi ao bispo de Benevento para renunciar a um dia; ele aceitou, e assim recuperei o tempo para enviá-la ao Padre Pio. Depois, é claro, também a fiz desembarcar no *Regina Apostolorum*, diante de Pe. Alberione e dos Paulinos da época.

Um sucesso pessoal também para o jovem padre Gabriele Amorth, que, aliás, confessa:

> Essa foi a mais bela aventura da minha vida, na qual me senti realmente um instrumento inútil, inútil e bom para nada, porém um instrumento nas mãos de Deus: todas as portas se escancararam para esse projeto! E assim foi feita a consagração da Itália ao Imaculado Coração de Maria! Um grande projeto! Um grande acontecimento!

Com algumas consequências menos positivas, Pe. Amorth admite:

> No entanto, depois que Nossa Senhora passava em um lugar, as portas se fechavam. Primeiro um grande sucesso em todos os lugares, depois insisti com os bispos para preparar uma publicação, mas eles sempre me diziam que não, que não era necessário. Chega, eles não queriam mais saber disso, e quando tentei me mexer para organizar um livreto... Busquei fazê-lo e não me dei bem. Eu tinha que deixá-la cuidar disso! Então, sim, teria sido feito... Se eu tivesse deixado Nossa Senhora agir!

Haverá também uma continuação desagradável, em 1984, como conta padre Amorth:

Depois tentei comemorar o 25º aniversário em Trieste, mas foi um fracasso: lá tive um rival direto, o presidente da CEI e arcebispo de Turim, cardeal Ballestrero. Ele era contraríssimo, porque tinha o pesadelo do devocionismo. Dizia que essa era uma forma de devocionismo, então rejeitou todas as propostas que fiz à CEI. É por isso que ninguém se moveu e o aniversário não foi celebrado. Então escrevi um livrinho para a pregação de maio: naquela época, o mês de maio ainda se fazia sentir nas paróquias; escrevi para ajudar os párocos, e foi vendido como pão quente, várias reimpressões foram feitas em muito pouco tempo.

# VI
# NOSSA SENHORA VIAJA DE HELICÓPTERO

Pe. Amorth escreverá um relato detalhado do grande empreendimento da consagração da Itália a Maria, que deve ser revisto, pelo que o evento significou para a Igreja italiana e para as pessoas envolvidas. Também nos permite reconstruir um corte transversal da vida da Igreja católica na Itália naqueles anos do final do pontificado de Pio XII e do início do pontificado do papa João XXIII, em um país que está mudando gradualmente, não sem traumas políticos, sociais, culturais e de costume. Estamos entre o difícil período do pós-guerra e o ímpeto do impulso econômico da Itália, que transformará a existência de muitíssimos italianos.

Ele chama a consagração da Itália a Maria de "o episódio mais bonito da minha vida sacerdotal", no qual ele foi "instrumento de coisas maiores do que eu". E conta com grande detalhe a gênese e o desenvolvimento da iniciativa. Deixemos, portanto, a palavra ao Pe. Gabriele Amorth:

No início de setembro de 1958, Pe. Stefano Lamera, superior da casa romana da Pia Sociedade de São Paulo, chamou-me para me confiar uma tarefa inesperada: *ir ao cardeal Lercaro e pedir-lhe que patrocinasse a consagração da Itália ao Imaculado Coração de Maria.* "Ele vai te ouvir e o evento se fará". Anteriormente, o próprio Pe. Lamera, então diretor de *Vida Pastoral*,[1] havia publicado uma carta com um

---
[1] Revista publicada pela Paulus, na Itália, fundada em 1912. [N.T.]

pedido semelhante; tinha obtido o apoio de alguns bispos. O estímulo imediato foi oferecido a ele pelo escrito urgente de quatro bons jovens veronenses que o encorajavam a ser porta-voz dessa iniciativa, estimulada, por sua vez, pelo iminente Congresso Eucarístico Diocesano de Verona.

Não pensei que esse convite fosse a faísca de um grande incêndio.

A escolha da minha pessoa dependia do fato de eu ser conhecido do cardeal Lercaro. Naqueles meses, estudava-se a possibilidade de que a minha congregação, a Pia Sociedade de São Paulo, assumisse o jornal *Avvenire d'Itália*, por isso estive várias vezes em Bolonha. Com o cardeal, tive a feliz surpresa de encontrar um velho amigo da FUCI,[2] com quem tinha feito muitas travessuras, especialmente contra Pe. Guano e Pe. Costa. Era o engenheiro Giancarlo Cevenini, que mais tarde se tornou padre e serviu como secretário do cardeal.

Também nos pareceu possível, em nosso primeiro pedido ingênuo, que a consagração pudesse ocorrer imediatamente, no Congresso de Verona, convocado para meados de setembro, e do qual pensávamos que participaria um grande número de bispos.

Fui recebido pelo cardeal Lercaro e deixei-lhe um escrito que ilustrava o desejo de Nossa Senhora de Fátima, conforme havia sido exposto por Lúcia, a vidente ainda viva, ao Santo Padre Pio XII. Eis o que o cardeal me respondeu, em 20 de setembro:

> Muito reverendo e caríssimo Pe. Amorth, recebi de repente seu escrito e apreciei-o muito, porque me ofereceu uma preciosa oportunidade de fazer honrar Nossa Senhora.

---

[2] Federação Universitária Católica Italiana. [N.T.]

> Fui a Verona para o Congresso Eucarístico diocesano na segunda-feira passada, dia 15; fiquei lá só naquele dia e lá estavam apenas o arcebispo dom Urbani e o bispo de Comacchio; não me pareceu a oportunidade desejada. Refletindo, pensei que a ideia entraria no seu devido lugar imediatamente e com resultados certos e plenos se a Conferência Episcopal Italiana (CEI), que representa todo o episcopado da nação, a fizesse sua; e também, penso eu, o único órgão que pode expressar com autoridade o pensamento e a vontade do episcopado italiano. E hoje – 20 de setembro – enviei a carta da qual anexo cópia ao Eminentíssimo Cardeal Fossati, presidente da Conferência. É claro que, enquanto a CEI, que se reunirá em breve, não comunique suas resoluções, o assunto permanece altamente confidencial.

O cardeal de Bolonha, portanto, assumiu plenamente a iniciativa e intuiu o caminho a seguir: não uma solução modesta, quase improvisada, com o acordo de algum bispo, mas uma decisão oficial que envolvesse todo o episcopado.

Hoje, tal solução pareceria óbvia. Mas devemos pensar o que era a CEI em 1958. Era uma reunião, criada quase espontaneamente, dos bispos presidentes das Regiões (cerca de vinte), à qual se acrescentavam o assistente nacional da Ação Católica, o ordinário militar e o secretário. O objetivo era fazer-se escutar por Pio XII, quando o idoso pontífice já não recebia os bispos para as visitas ordinárias. A CEI era, portanto, um organismo recente; dizia-se então: "Na Itália está o papa, e não há necessidade de uma Conferência Episcopal"; tinha tarefas muito limitadas; nunca tinha tomado nenhuma iniciativa. *A primeira iniciativa da CEI* será a Consagração da Itália ao Imaculado Coração de Maria.

Não sabia dessas coisas. Um bispo, que me conhecia e me queria bem, disse-me que aderiu imediatamente à iniciativa e, a partir daquele momento, foi uma ajuda preciosa. Era dom Alberto Castelli, secretário da CEI.

Alguns dias depois, em 25 de setembro, recebi a carta do cardeal Lercaro, com o resultado de seu pedido ao cardeal Fossati:

> Reverendíssimo Pe. Amorth, dou seguimento ao meu escrito anterior para comunicar confidencialmente a resposta não inteiramente positiva de Sua Eminência o cardeal Fossati, que escreve: "... não tenho dificuldade em apresentar no breve encontro que os Eminentíssimos Cardeais da CEI realizarão na manhã de 21 de outubro antes da sessão plenária. Temo que, não sendo o argumento da Ordem do Dia já preparado, possa encontrar alguma oposição, não à proposta em si, mas ao procedimento". Sendo este o caso, peço-lhe que me forneça toda a documentação possível relativa ao pedido da Santíssima Virgem, com as devidas garantias de autenticidade; estando eu também presente na pequena reunião, poderei assim ilustrar melhor minha proposta e fazer inserir o item na Ordem do Dia; e depois, na sessão plenária, apoiá-lo com os dados apropriados. Com efeito, seria desejável que a votação não passasse com frieza, mas com total adesão e entusiasmo, porque então, por sua vez, os cardeais presentes na Conferência – que são os presidentes das Regiões – envolveriam a todos os bispos, e a consagração não seria apenas oficialmente, mas realmente, a expressão de uma vontade do episcopado em resposta ao desejo de Maria.

Minha tarefa imediata era clara: preparar a documentação solicitada pelo cardeal. Pela dificuldade do procedimento, fui tranquilizado por dom Castelli, que confiava na ascendência do cardeal Lercaro. Suas previsões, mais tarde, se demonstraram exatas.

Preparar a documentação para o cardeal Lercaro foi um trabalho emocionante e fácil para mim, porque o material publicado disponível era muito abundante; também acabou por ser um trabalho bem-vindo, porque me deu a oportunidade de me aproximar de muitas pessoas que, além do seu amor a Nossa Senhora, me incentivaram de todas as formas, entusiasmadas com a iniciativa.

Em resumo, eu estava tentando documentar estes cinco pontos:

1. A carta da irmã Lúcia de Fátima a Pio XII (de 2 de dezembro de 1940), na qual se afirma que a proteção celeste concedida a Portugal, que foi consagrado pelos seus bispos ao Imaculado Coração de Maria, é prova das graças que serão concedidas às outras nações se se cumprirem a mesma consagração. A essa carta, autenticada com autoridade, seguiram-se as declarações das autoridades eclesiásticas portuguesas sobre as graças que atribuíram à consagração; anexado um discurso do cardeal Ottaviani, um do cardeal Agagianian, o apelo do bispo de Leiria a todos os bispos do mundo.

Comecei, então, uma estreita correspondência com o bispo de Leiria, dom Pereira Venâncio, com quem nos encontramos várias vezes em Roma, e que nos foi de grande ajuda. Leiria é a diocese da qual Fátima depende.[3]

2. A função das aparições de Fátima em relação à Rússia e ao comunismo mundial. É um aspecto muito estudado e com uma bibliografia muito rica, ainda que não seja suficientemente conhecido pelo grande público. Lembro-me com gratidão da ajuda que alguns padres jesuítas do *Russicum*[4] me deram, especialmente o Pe. Schweigl e o Pe. Wetter.

---

[3] Desde 13 de maio de 1984, o nome da diocese foi modificado, e hoje se chama, de fato, diocese de Leiria-Fátima. [N.T.]

[4] O *Collegium Russicum* é um colégio católico em Roma dedicado aos estudos da cultura e da espiritualidade da Rússia. Ele está localizado perto da basílica de Santa Maria Maior, separado do Pontifício Instituto Oriental pela igreja de Santo Antônio, e é conhecido informalmente como o *Russicum*. [N.T.]

3. A aceitação universal da devoção ao Imaculado Coração de Maria e das múltiplas consagrações a ele. A festa litúrgica, após a aprovação das aparições de Fátima; os precedentes históricos; e as várias "Peregrinatio Mariae"; as "consagrações" realizadas por Pio XII e por bispos de todo o mundo.

4. Fundamentos teológicos da consagração. Encontrei um estudo de dom Pietro Parente, depois cardeal; em 1958, foi arcebispo de Perugia; outros estudos do Pe. Spiazzi, Pe. Roschini, Pe. Da Fonseca.

5. O claro pensamento e desejo de Pio XII. Muitos documentos pareciam mostrar que Pio XII queria que todas as nações fossem consagradas pelo seu episcopado ao Imaculado Coração de Maria. Poucas semanas antes, o cardeal Tisserant se havia feito solenemente o porta-voz desse desejo, participando do Congresso de Lourdes como Legado Pontifício (*L'Osservatore Romano*, 15-16 de setembro de 1958). Portanto, a decisão do episcopado italiano apareceria também como uma homenagem ao voto do recém-falecido grande pontífice. E ele foi de fato referido.

Eu sabia que havia também uma seção do Exército Azul na Itália. Pedindo informações, soube que o responsável era um dinâmico sacerdote paduano, também fundador da revista *Presbyterium*, sediada na rua do Santo, em Pádua. Fui vê-lo e assim encontrei dom Strazzacappa. Certamente não sabia que aquele breve encontro noturno teria uma influência decisiva para toda a sua atividade futura, com acontecimentos felizes e dolorosos que coroaram a vida daquele santo sacerdote. Lembro-me do carinho com que me acolheu; quando soube o motivo da minha visita, comoveu-se por uma profunda alegria. Creio que ele percebeu imediatamente, ainda que vagamente, que muitos de seus desejos, para os quais havia trabalhado muito no passado, seriam coroados.

Eu nem sabia que "o Exército Azul tem como objetivo imediato a consagração de cada um de seus membros ao Imaculado Coração; tanto mais desejável, pois, que cheguemos à consagração de toda a nossa nação ao Imaculado Coração de Maria"; cito a carta que dom Strazzacappa me escreveu em 14 de novembro de 1958, para juntá-la a outras adesões. Não sabia que o Exército Azul, no Congresso Nacional realizado em Loreto, em 13 de julho do mesmo 1958, havia tratado dessa consagração como tema principal. O congresso foi presidido por dom Caminada, e a palestra principal foi confiada ao Pe. Franzi. No final, Dom Strazzacappa enviou um telegrama conclusivo ao Santo Padre, no qual pedia a consagração da Itália ao Imaculado Coração de Maria, como resposta à mensagem de Fátima. O Santo Padre respondeu com um telegrama de satisfação e bênção.

Sem nos conhecermos, trabalhávamos para a mesma finalidade; é pouco dizer que fomos feitos para nos entendermos. Outra ajuda que dom Strazzacappa me deu naquele primeiro encontro foi conversar comigo sobre a "Conexão Mariana"; convidou-me, ainda, a participar do encontro anual que estava marcado para 27 de outubro, em Roma. Ele teria pensado em me apresentar, e me disse que eu encontraria todas as pessoas prontas para ajudar.

Participei com prazer do encontro romano também porque conhecia há muito tempo dom Costantino Caminada, que por um ano havia publicado um comentário sobre o Evangelho na revista *Família Cristã*, na qual também colaborei. Era o encontro anual da "Conexão Mariana" e tinha a tarefa de planejar alguns pontos comuns, que todos os aderentes se encarregariam de tratar durante o ano de 1959. O assunto foi apresentado pelo padre Franzi, que tratou de dois pontos a serem colocados no programa: o restabelecimento da recitação do *Angelus* e um maior impulso à prática dos cinco sábados a Nossa Senhora de Fátima. Quando foi minha vez de falar, disse brevemente o que estava fazendo e propus que a Conexão aderisse ao que teria sido planejado para a consagração da Itália, se fosse decidida.

É pouco dizer que todos se demonstraram imediatamente concordes. Estava longe de supor que a Conexão logo se transformaria no "Comitê Nacional para a Consagração da Itália". Gostava de ver reunidos aqueles sacerdotes, na sua maioria religiosos de diferentes denominações, mas tão solidários no amor a Nossa Senhora e no esforço de honrá-la, seguindo certa linha comum.

Desde então, tenho mantido contatos frequentes com o Padre Franzi, que, no dia 23 de novembro, me enviou a adesão oficial da "Conexão Mariana" à iniciativa da consagração, especificando que essa adesão implicava o compromisso de colaboração por parte das oito sociedades apostólicas marianas, das oito secretarias diocesanas e dos 21 santuários que faziam parte da mesma Conexão.

Os eventos caminhavam rapidamente. Parecia-me assistir a um espetáculo: como se tantas pedrinhas de um mosaico, previamente preparadas por uma vontade superior, estivessem se reunindo no lugar certo e na hora certa, para formar o desenho preestabelecido. Já poderia expedir ao cardeal Lercaro a documentação e uma lista inicial de adesões. Além das já mencionadas, anexei as adesões dos bispos que aderiram ao anúncio da *Vida Pastoral*. Entre elas, destacava-se a do cardeal Mimmi, que, na catedral de Nápoles, repetiu a mesma fórmula de consagração pronunciada pelo Santo Padre, e que terá então a tarefa, como Legado Pontifício, de ler a fórmula oficial em Catânia.

Foi o cardeal Lercaro quem teve a ideia de vincular a consagração da Itália ao Congresso Eucarístico Nacional de

Catânia, partindo da nossa ideia primitiva sobre o Congresso de Verona. O cardeal de Bolonha sugeriu essa ocasião desde a primeira carta do pedido, enviada ao cardeal Fossati.

Também pensei em envolver algumas personalidades políticas, em particular S. Ex.ª Fanfani, então chefe do Governo, que eu conhecia desde a universidade. O cardeal me escreveu, em 4 de novembro de 1958:

> Reverendíssimo e caríssimo padre, muito obrigado por sua carta do corrente mês e pelas suas anotações. Venha, então, no dia 2 de dezembro: ficarei muito feliz em vê-lo e falar sobre isso. Acho que o pedido de S. Ex.ª Fanfani poderia ser útil, talvez com uma carta dirigida a mim, porque endereçá-la à Comissão Episcopal poderia apresentar-se como um ato oficial, para o qual seria necessário o consentimento do Gabinete etc. Se S. Ex.ª Dom Castelli pede a inserção na Ordem do Dia, bem; como lhe escrevi, o cardeal Fossati me respondeu que não era possível inserir o assunto, pois a Ordem do Dia já foi feita e aprovada. Será bom, penso eu, anexar as adesões dadas pelos bispos à proposta feita em *Vida Pastoral*.

Como se pode ver, as dificuldades ainda subsistiam e tudo poderia ter sido cancelado. E como o ditado "Ajuda-te que Deus te ajuda" é verdadeiro, pensei correto me mover para obter as adesões, ou pelo menos ouvir as opiniões, de alguns membros da CEI.

Além do cardeal Lercaro, o proponente, já havia o pleno consentimento de dom Castelli e de dom Parente. Eu sabia que também o cardeal Fossati teria uma influência positiva. Fui até dom Mario Castellano, assistente-geral da Ação Católica, que não só aderiu, mas prometeu toda a sua ajuda. Ele se tornará um dos dois vice-presidentes do Comitê Organizador e nos fornecerá uma sala na rua da Conciliação, onde montaremos o escritório para todos os meses de atividade. Lembro-me de que ele imediatamente começou a nos receber em várias reuniões, das quais participou; com seu belo hábito branco dominicano, considerando a "Sé Vacante" pela morte de Pio XII, sentíamos como se tivéssemos o Santo Padre entre nós; e nós dissemos isso a ele!

Não menos rápida foi a adesão do meu arcebispo dom Amici, de Modena; assim também se juntou imediatamente dom Pintonello, ordinário militar.

Lembro muitos outros encontros daquelas semanas, todos muito encorajadores: muitas vezes, vi o padre Roschini, o mariólogo italiano mais conhecido; padre Da Fonseca, o historiador indiscutível dos acontecimentos de Fátima; padre Lombardi e padre Rotondi, de *Mondo Migliore*; dom Fausto Vallainc, do Centro de Imprensa da Ação Católica Italiana; Pe. Mondrone, da *Civiltà Cattolica*,[5] também conhecido por seus artigos sobre a "Peregrinatio Mariae"; padre Sturzo, que, como bom siciliano, ficou particularmente impressionado com as lágrimas de Nossa Senhora em Siracusa; dom Umberto Terenzi, sempre presente nas reuniões. E muitos outros, inclusive a simpática figura de dom Novarese, que me encorajou com seu otimismo e suas brincadeiras.

Havia uma expectativa confiante por parte dos poucos que conheciam a iniciativa. A CEI se reuniria entre 12 e 14 de dezembro, e tinha facilidade para encontrar o cardeal Lercaro, que, quando vinha a Roma, era hóspede dos beneditinos da basílica de São Paulo.

O dia 13 do mês é uma data característica de Fátima. A primeira aparição da Cova da Iria deu-se em 13 de maio, assim como as aparições dos meses seguintes, até a última,

---

[5] A *Civiltà Cattolica* é a mais antiga revista cultural italiana ainda em atividade. Foi fundada em Nápoles por um grupo de jesuítas italianos, e sua primeira edição foi impressa em 6 de abril de 1850. [N.T.]

em 13 de outubro, celebrizada pelo milagre do sol. Também para a consagração da Itália, o dia 13 de dezembro será importante para a decisão, e o dia 13 de setembro para o ato solene de consagração.

Lembro-me bem do relatório detalhado, verbalmente, que o cardeal Lercaro me fez no dia 15. "Não sei por que, quando ilustrei a proposta à CEI, fiquei muito emocionado". "Falou com um calor extraordinário", confidenciou-me mais tarde dom Amici. O fato é que a proposta foi acolhida com o entusiasmo desejado, por unanimidade. Era o dia 13. No dia seguinte, 14 de dezembro, os membros da CEI foram recebidos em audiência pelo Santo Padre, que aprovou a decisão tomada.

É agradável e necessário recordar os nomes dos 23 membros da CEI, a quem se deve a decisão: cardeal Maurilio Fossati, presidente, arcebispo de Turim; cardeal Giovanni Battista Montini, arcebispo de Milão; cardeal Ernesto Ruffini, arcebispo de Palermo; cardeal Giuseppe Siri, arcebispo de Gênova; cardeal Giacomo Lercaro, arcebispo de Bolonha; cardeal Giovanni Urbani, patriarca de Veneza; cardeal Alfonso Castaldo, arcebispo de Nápoles; dom Luigi Traglia, subgerente de Roma; dom Giuseppe Amici, arcebispo de Modena; dom Demetrio Moscato, arcebispo de Salerno; dom Adelchi Albanesi, arcebispo de Viterbo; dom Ugo Camozzo, arcebispo de Pisa (em representação do cardeal Elia Dalla Costa); dom Norberto Perini, arcebispo de Fermo; dom Enrico Nicodemo, arcebispo de Bari; dom Sebastiano Fraghì, arcebispo de Oristano; dom Giovanni Battista Bosio, arcebispo de Chieti; dom Giovanni Ferro, arcebispo de Reggio Calabria; dom Arrigo Pintonello, ordinário militar; dom Mario Castellano, assistente eclesiástico geral da Ação Católica Italiana; dom Pietro Parente, arcebispo de Perugia; dom Edoardo Facchini, bispo de Alatri; dom Pasquale Venezia, bispo de Ariano Irpino; dom Alberto Castelli, secretário da CEI.

Não satisfeito com o relatório que me foi feito verbalmente, o cardeal Lercaro quis ter a delicadeza de me enviar um relatório escrito, em 29 de dezembro:

> Muito reverendo e caro padre, penso que S. Ex.ª Dom Caminada já lhe tenha dado a boa notícia, ainda de alguma forma confidencial: a CEI aceitou por unanimidade (*et ultra*; porque alguém levantou as duas mãos) a proposta de consagrar a nação ao Imaculado Coração de Maria; consagração a ser feita, por iniciativa e trabalho do episcopado, no próximo Congresso Eucarístico Nacional (setembro de 1959), em Catânia. O Santo Padre, no dia seguinte, aprovou a resolução da CEI. Agora, espera-se, para torná-la pública, que S. Ex.ª Dom Castelli dê comunicação oficial disso aos bispos. Entretanto, no encontro em Roma com S. Ex.ª Dom Caminada, pensou-se que nos encontrássemos para identificar e fazer a propaganda adequada, e preparar as ajudas que possam tornar a consagração espiritualmente mais profunda e ainda mais real; e eventualmente organizar, de acordo com a Comissão do Congresso Eucarístico, a celebração solene.

De fato, a carta oficial de dom Castelli, dirigida a todo o episcopado italiano, só foi enviada em 27 de janeiro de 1959. Pode parecer uma longa espera, especialmente em situações de tempo tão curto; mas a organização exigia muita precisão. A carta pode ser resumida em três pontos: 1) A CEI decidiu por unanimidade consagrar a Itália ao Imaculado Coração de Maria. Essa resolução, inspirada no desejo de Pio XII, como recentemente destacou o cardeal Tisserant em Lourdes, foi aprovada e encorajada por João XXIII. 2) A consagração, por iniciativa e por obra do episcopado, realizar-se-á em

Catânia, por ocasião do Congresso Eucarístico Nacional, no próximo mês de setembro. 3) A "Conexão Mariana" havia constituído um comitê, presidido pelo cardeal Lercaro, para estar à disposição dos bispos e facilitar a preparação do povo italiano.

A carta era curta, mas muito completa, e incluía critérios operacionais precisos, indicando o comitê e o presidente.

De minha parte, tendo conhecido imediatamente a decisão da CEI, senti-me em condições de começar. Custava-me muito ficar calado, e lembro-me do comunicado do telejornal que o Dr. Rendina transmitiu após a minha visita. Informei as pessoas que, conhecendo a iniciativa, aguardavam uma resposta, e participei de algumas reuniões, lideradas por dom Caminada ou dom Castellano, com o objetivo de estabelecer um esboço da organização.

Claro, eu estava esperando ansiosamente o comunicado de *L'Osservatore Romano*. Naquela época, as reuniões da CEI não eram anunciadas pelo órgão do Vaticano. Sobre o encontro de 12 a 14 de dezembro, *L'Osservatore* publicou um artigo na primeira página apenas no dia 18, para publicar o discurso do papa e a foto do Santo Padre cercado pelos participantes. Nenhuma menção à consagração da Itália. Evidentemente, queriam que o episcopado tomasse conhecimento da decisão pela carta de dom Castelli, como o cardeal Lercaro me havia escrito. De minha parte, propus um comunicado ao *L'Osservatore*, que havia escrito antes de conhecer a carta oficial. Meu pequeno artigo foi publicado na primeira página, em 5 de fevereiro de 1959; relendo-o hoje, acho-o muito falho. Mas pelo menos ele anunciou a decisão e impressionou o padre jesuíta Mason, como direi mais adiante.

Enquanto aguardava o ofício, era urgente reunir a "Conexão Mariana", para que a comissão organizadora pudesse iniciar sua tarefa. Escrevi para o cardeal Lercaro, que me respondeu em 3 de janeiro de 1959:

> Muito reverendo e caro padre, escrevi a S. Ex.ª Dom Caminada que está bem para o dia 26 do corrente mês para o encontro da "Conexão Mariana" em Bolonha. Escrevi também a S. Em.ª Dom Castelli para a comunicação aos Excelentíssimos Ordinários e à imprensa. Penso que seja útil que o senhor mantenha contato com ele.

O encontro de Bolonha, que reuniu os membros da "Conexão Mariana" e outros convidados, foi curto: só pela manhã; foi a única reunião plenária do comitê, mas foi exaustiva para o que poderia ser feito na época. Dali em diante, haverá apenas uma reunião em Roma, sem a presença do cardeal, mas os contatos intensos continuarão.

Lamento não ter guardado a ata de Bolonha, mas guardei uma folha, que creio estar incompleta, com uma lista de nomes. Transcrevo-a: "Comitê Nacional Mariano para a Consagração da Itália ao Imaculado Coração de Maria – Presidente, Sua Excelência o Cardeal Giacomo Lercaro; vice-presidentes: Sua Excelência Dom Mario Castellano e Sua Excelência Dom Costantino Caminada; membros: Pe. Francesco M. Franzi, Pe. Gabriele M. Roschini, dom Luigi Novarese, dom Fausto Vallainc, Pe. Giuseppe Missaglia, Pe. Rotondi, Pe. Ghidotti, Pe. Avidano, Dom Terenzi, Pe. Francesco M. Randazzo, Pe. Lamera, Pe. Leghisa; tesoureiro: Pe. Giovanni Canziani; secretários: dom Giovanni Strazzacappa e Pe. Amorth". Mas lembro-me da presença de outros participantes.

Como havia sido decidido pela CEI, e como o cardeal proclamou no início, a "Conexão Mariana" tornava-se comitê organizador, a serviço dos bispos, sob a presidência do cardeal

Lercaro. Não houve nomeações formais, ou seja, escritas, além das designações listadas acima e indicadas oralmente. Acredito que se possa dizer que, na prática, tudo ocorreu sob a orientação do cardeal de Bolonha, a única pessoa oficialmente designada; então, qualquer ajuda era boa. Entre outros, pelo imenso trabalho realizado, prevaleceu a figura de dom Strazzacappa. O funcionamento do comitê depende dessas duas pessoas.

A máquina organizacional estava em movimento; parecia já termos lançado as bases para uma preparação suficiente, mas o mais belo ainda deveria começar. Os contatos constantes entre nós logo nos convenceram de que era necessário fazer algo a mais. Era uma tarefa demasiado exigente sensibilizar a população para um ato que se pretendia concretizar como um compromisso preciso para o futuro, e não apenas como uma declaração por si só.

Quem deu o impulso decisivo ao trabalho seguinte foi o padre Mason, que, depois de ter lido o anúncio publicado em *L'Osservatore Romano* de 5 de fevereiro, não perdeu tempo. Em 7 de fevereiro, escreveu uma carta ao cardeal Lercaro, e outra semelhante a Dom Strazzacappa. Nela propôs uma grande "Peregrinatio Mariae", com a imagem de Fátima, pelas cidades de toda a Itália. Para apreciar plenamente a proposta, é necessário conhecer a grande eficácia das *Peregrinatio* anteriores, onde tinham sido feitas, e também o papel que o padre Mason desempenhou nelas.

Dom Strazzacappa correu imediatamente para Bolonha. Ele havia percebido a grande eficácia que essa proposta poderia ter. Até agora, o comitê havia dado diretrizes que confiava à boa vontade dos indivíduos; ainda não havia manifestado uma iniciativa própria, capaz de uma verdadeira ressonância nacional, para preparar as almas.

Houve também outra razão pela qual o bispo correu para Bolonha. Ele havia desenvolvido outra ideia que vinha amadurecendo em sua alma há algum tempo: a construção de um templo mariano em Trieste, a cidade que, na época, parecia quase identificar a fronteira entre o mundo ocidental livre e o mundo comunista. Entre outras coisas, ele havia escrito sobre isso dez anos antes, em 1948, em uma edição de *Semana do Clero*. Ele estava apenas esperando o momento certo para implementar o projeto, que parecia um sonho.

De sua parte, também o cardeal Lercaro apreciou imediatamente a proposta do padre Mason, compreendendo seu pleno significado. Ele deu toda a aprovação a dom Strazzacappa, tanto para a *Peregrinatio* quanto para o templo de Trieste. Viu também como as duas iniciativas se integravam perfeitamente: uma voltada para a grande preparação popular ao ato de consagração; a outra voltada para o futuro, para garantir que a consagração fosse lembrada por um templo estável, dedicado à Virgem. Durante a primeira iniciativa, não teria sido difícil ilustrar a segunda e endereçar eventuais ofertas a ela. Só que o cardeal aceitou, por deferência e para finalizar a execução, o parecer do comitê.

Foi assim que dom Strazzacappa enviou uma carta, datada de 22 de fevereiro, na qual convocou o comitê para o dia 26, em Roma, enquanto escrevia ao bispo de Leiria para garantir que a proposta fosse viável. Recebeu o telegrama com a resposta afirmativa no dia 23, a tempo de levá-la à reunião romana. Não sei se antes ou depois de falar com o cardeal Lercaro, teve também o apoio entusiástico de dom Santin, arcebispo de Trieste, para a construção do templo votivo. Essa adesão também foi dada a conhecer na reunião romana.

O conselho de 26 de fevereiro foi o último realizado pelo comitê; depois, estávamos todos muito ocupados e não havia necessidade de nos reunirmos novamente. Encontro entre meus papéis a carta de convocação de dom Strazzacappa, que reproduzo:

> 22 de fevereiro de 1959 – Conforme estabelecido na última reunião, quinta-feira 26 próximo, precisamente às 16h30, o COMITÊ NACIONAL MARIANO se reunirá na Rua da Conciliação 1 (2º andar). V. Revma. é calorosamente convidado a participar da reunião de particular importância. Aqui está a Ordem do Dia: 1) Consagração e Congresso Eucarístico. 2) Passagem de Nossa Senhora de Fátima pelas 100 cidades da Itália. 3) Ereção de um templo memorial em Trieste, em homenagem à Rainha da Itália. 4) Manifesto: *Angelus Domini* etc. 5) Diversos.

É pouco dizer que as duas propostas centrais foram recebidas com imenso entusiasmo. A ideia da *Peregrinatio* nos pareceu uma inspiração: a grande missão de preparar o povo italiano teria sido pregada por Nossa Senhora mesma, passando por todas as capitais provinciais! E realmente foi assim.

Imediatamente, passamos a discutir os detalhes. Parece-me que a ideia de utilizar o helicóptero como veículo normal e aviões para viagens mais longas para a Peregrina Celeste deve-se ao sentido prático de dom Strazzacappa. Lembro-me bem das razões dadas: o pouco tempo disponível para uma viagem tão longa; o fato de nossas ruas estarem muito congestionadas; a necessidade de evitar as longas filas de carros que teriam acompanhado Nossa Senhora no percurso pelas estradas, e que teria tirado muito tempo ao trabalho espiritual que havíamos proposto. Como se pode ver, todas essas foram razões práticas. O aspecto folclórico era temido por nós como um perigo a ser evitado. Os resultados provaram superar imensamente todas as expectativas. O veículo escolhido, o helicóptero, mostrou-se o único capaz de garantir o percurso em tão pouco tempo e a pontualidade para atingir as multidões que aguardavam. A missão mariana caracterizou-se pela oração, missas, confissões, comunhões, vigílias noturnas. Nenhuma de nossas igrejas foi suficiente para conter as pessoas que acorreram: para a chegada e a partida de Nossa Senhora e, muitas vezes, também durante a permanência, estádios, praças e campos abertos foram usados.

Quanto às notícias da *Peregrinatio,* refiro-me à documentação publicada no livro que tomou o título de uma frase de Pio XII: *Il Pellegrinaggio delle Meraviglie* (A peregrinação das maravilhas – *Presbyterium*, Roma, 1960). O fato de que Nossa Senhora chegasse do céu, em seu veículo azul, trouxe também uma agradável nota sugestiva; foi um bem que não prejudicou, mas auxiliou, o propósito espiritual da grande missão.

Também sobre o templo de Trieste, o acordo foi imediatamente unânime; pareceu-nos que também essa era uma iniciativa necessária para perpetuar a consagração ao longo do tempo, com um sinal sensível. Quanto suor custará ao senhor bispo!

Quando, mais tarde, acompanhei de Veneza a Trieste a imagem de Nossa Senhora de Fátima, que dom Pereira Venâncio havia oferecido ao novo templo, fiquei satisfeito ao ver que o nome de dom Giovanni Strazzacappa havia sido gravado no pedestal.

Naquela época, não havia menção ao título que seria dado ao templo de Trieste. Eu sabia que dom Strazzacappa teria gostado: "À Rainha da Itália", uma expressão coerente com a linguagem usada pelo Exército Azul. Mas ele ficou muito feliz quando foi solicitado ao Santo Padre que atribuísse o título do templo; creio que o pedido foi feito por dom Santin. E ficou muito satisfeito com o nome que João XXIII indicou: "A Maria Mãe e Rainha". Repetia: "É muito bonito! Maria é Mãe e Rainha: mais Mãe que Rainha".

O cardeal Lercaro, informado da nossa calorosa adesão às duas propostas e da forma como pretendíamos implementá-las, escreveu um extenso artigo em *L'Osservatore* para anunciar as iniciativas preparadas e expor os motivos: a consagração da Itália, a peregrinação de Nossa Senhora de Fátima, o templo de Trieste. O artigo foi publicado em 19 de março.

Ainda lembro que propus, durante a reunião do comitê, usar também o mês de maio para preparar as populações. A minha proposta foi aceita e, na ausência de outros que se prestassem a essa finalidade, ofereci-me para escrever um "mês de maio" para a utilidade dos párocos. Também nesse trabalho Nossa Senhora me abençoou. Eu só tinha um mês de prazo, atordoado com todos os outros trabalhos. Saiu o livreto *Consagração a Maria*, com a apresentação do cardeal Lercaro; foram impressas seis edições em dois meses e se demonstrou útil.

Agradeço também a lembrança de um amigo inesquecível, dom Domenico Grandi, de Modena, a quem Edições Paulinas encomendou também um mês de maio centrado na mensagem de Fátima, para aquele ano. Foi um sucesso, e o arcebispo dom Amici, falando à multidão quando a Virgem Peregrina deixou Modena, pôde dizer com um toque de orgulho que os dois livros de maio, elaborados em preparação para a consagração, foram escritos por dois modenenses.

O tempo estava se esgotando. Só um homem com o dinamismo e a fé de dom Strazzacappa conseguiria tudo; e chegou sempre a tudo. Em Roma, graças a dom Castellano, abrimos o escritório do Comitê Nacional Mariano, no segundo andar da rua da Conciliação, 1. Essa foi a sede habitual do meu trabalho nos meses seguintes. O telefone tocava constantemente; todos os dias chegavam correspondências com pedidos de informações operacionais; muitos bispos e enviados episcopais vieram nos visitar, para preparar os programas. Eu cuidava do escritório, seguindo as orientações de dom Strazzacappa, que cuidou do resto e também assumiu as despesas e o ônus de prover o pessoal auxiliar necessário. Excelente atuação de suas "Servas", que seguiram a *Peregrinatio*.

Lembro-me de quando dom Strazzacappa chegou ao escritório, que acabava de ser aberto, trazendo os envelopes timbrados, o papel timbrado e outro material necessário ao seu funcionamento. Assim, uma manhã, com os olhos brilhantes de alegria, ele me apresentou o programa detalhado do uso do helicóptero e das viagens mais longas de avião: início de 25 de abril, em Nápoles; depois, o voo apressado pelas 92 capitais de províncias, sem possibilidade de parar e muitas vezes nos períodos mais desafortunados; cada dia era precioso, independentemente de ser um dia de semana ou feriado, maio ou agosto. Tinha traçado o itinerário de forma espontânea, e acabou por ser plenamente válido.

Mais tarde, comentou-me, com admiração, a total disponibilidade demonstrada por todo o episcopado. É verdade que houve a deliberação da CEI e a aprovação do Santo Padre; é verdade que a prestigiosa figura do cardeal Lercaro foi colocada na presidência do comitê; mas também é verdade que, na execução, fomos nós dois, desconhecidos e inexperientes, que atribuímos a cada cidade os dias e a duração da visita da Peregrina Celestial. Bem, todos os bispos aceitaram sem discussão, sem protesto, mas apenas com gratidão.

Os contatos episcopais e pessoais intensificaram-se com dom Pereira Venâncio, bispo de Leiria, que se juntou com entusiasmo, oferecendo a imagem de Fátima para a peregrinação, e que nos animava continuamente com sua experiência: "Nossa Senhora faz tudo sozinha"; "Que haja muitos confessores: nunca são demais"; "Não se preocupem em pregar". Foram conselhos valiosos.

O padre Mason e o padre Scotton se ofereceram para seguir Nossa Senhora; colocaram-se à disposição durante todos esses meses, com generosidade e espírito de sacrifício sem limites. Assim, Nossa Senhora foi acompanhada por dois de seus filhos: um da Companhia de Jesus e outro da Companhia de Maria. Os Monfortinos, além do Pe. Scotton, também disponibilizaram para o trabalho de escritório um jovem seminarista, que foi realmente um colaborador precioso.

Uma tarefa que assumi inteiramente foi a de providenciar os aviões e helicópteros. Podia contar com a longa amizade que me unia a Andreotti, então ministro da Defesa. Para isso, fui informado da convenção particular existente entre o Estado italiano e a Ordem Soberana de Malta. Aqui, também, encontrei compreensão imediata. A Ordem de Malta fez sua a iniciativa. Encontrei-me muitas vezes com o príncipe Rampolla, às vezes sozinho, outras vezes acompanhado pelo conde Pietromarchi.

Também para o problema dos aviões ignoro muitos aspectos. Não conheço as reuniões internas da Ordem de Malta, nem as relações oficiais com o Governo italiano. Só sei que tudo terminou positivamente. É claro que, por mais que tentássemos avançar, as negociações exigiam seu tempo, e eu tinha medo de ficar atrasado. Já estávamos em abril, e ainda não tínhamos certeza se poderíamos ter os meios necessários para os voos. Mais uma vez, a firme fé de dom

Strazzacappa me apoiou: "Você verá: em 25 de abril, teremos dois helicópteros, e teremos de lutar para deixar um sem uso". Aconteceu exatamente assim. No dia 25 de abril, em Nápoles, para o transporte de helicóptero de *Capodichino*[6] até a praça Plebiscito, tivemos à disposição os bombeiros e o helicóptero do exército; o problema era apenas encontrar um acordo que não decepcionasse uma das partes.

Para a abertura da peregrinação, julguei conveniente convidar o chefe do Governo, S. Ex.ª Segni, que sucedeu a S. Ex.ª Fanfani. O cardeal Lercaro me escreveu em 22 de abril:

> Revmo. e caríssimo Pe. Amorth, hoje dirijo um convite formal a Sua Excelência Segni, para que, na manifestação de sábado p.f., o Governo esteja representado em Nápoles. Quanto ao convite ao presidente da República, estou muito mais perplexo, tratando-se de algo muito delicado, que põe em movimento organismos e coisas muito mais complexas. Não se trata de acolher o entusiasmo de ninguém sem a devida consideração. De fato, não posso prosseguir com o convite do presidente, sem o consentimento formal e preciso da Secretaria de Estado de Sua Santidade. Se isso me for indicado por ela, então o comitê também pode, de Roma, para encurtar o tempo, fazer o convite em meu nome; caso contrário, lamento ter de me abster.

Assim, à medida que a consagração se aproximava, quando se pensou em convidar o presidente Gronchi (que mais tarde se juntará enviando uma mensagem muito bonita ao cardeal Legado), o cardeal Lercaro me escreveu em 15 de agosto:

> Caríssimo Pe. Amorth, S. Ex.ª Salizzoni me informa da participação de S. Ex.ª Segni. Ao presidente Gronchi não lhe foi possível falar, porque estava ausente; ele falou com o chefe da

---

[6] É o nome do Aeroporto Internacional de Nápoles, Itália. [N.T.]

Secretaria, S. Ex.ª Moccia, que sugeriu enviar a Gronchi não o convite, mas a notificação. Escrevi as duas cartas à mão. Seria necessário: 1) tê-las assinadas imediatamente por S. Ex.ª Bentivoglio; 2) entregá-las. Para a de Gronchi, se fosse possível, no entanto, fique claro que nos limitamos à notificação por não termos conseguido obter seu consentimento prévio; mas a notificação implica um convite. Por favor, comunique tudo a dom Strazzacappa. Deixo o pedido aqui que, se uma resposta chegar, ela será imediatamente comunicada ao senhor. Ouço de dom Strazzacappa as dificuldades encontradas em Roma: tenho certeza de que Nossa Senhora vai superar.

De S. Ex.ª Segni, gosto de recordar um detalhe que testemunhei pessoalmente com alguns outros. A imagem de Nossa Senhora chegou a Roma, vinda de Catânia. Fui ao aeroporto militar de Centocelle para prestar-lhe homenagem. Antes da chegada do avião com Nossa Senhora de Fátima, o avião presidencial pousou, com S. Ex.ª Segni vindo do exterior. Quando o presidente soube que o avião com a imagem de Nossa Senhora estava prestes a chegar, deteve-se para esperá-la e, quando viu a imagem branca descendo a escada, correu para dar-lhe um beijo, com a espontaneidade de uma criança correndo em direção a sua mãe.

As relações muito próximas que intercorrem entre as aparições de Fátima e o comunismo são bem conhecidas. Nossa Senhora apareceu em 1917, mesmo ano da Revolução russa. Quando ninguém podia imaginar o desenvolvimento que o comunismo teria no mundo, a mensagem de Fátima o predisse, bem como previu o imenso mal que o comunismo iria causar: com o ateísmo ensinado às massas, com a opressão da pessoa, com a perseguição à Igreja, com as guerras e as revoluções que provocaria em todo o mundo. Mas Fátima encerra com uma mensagem de esperança: "No final, meu

Imaculado Coração triunfará, a Rússia se converterá e haverá um longo período de paz". "Vereis a imagem da Imaculada no pináculo mais alto do Kremlin", disse profeticamente o heroico e santo mártir padre Kolbe.

Gostaria que a envolvente peregrinação não terminasse na Itália, mas que continuasse na Áustria, na Alemanha... E atravessasse a cortina de ferro. Ao dirigir esses votos a dom Venâncio, recebi dele um encorajamento reconfortante. Por seu lado, estava bem-preparado para emprestar a querida imagem a esses novos itinerários. Foi assim que decidi escrever a alguns bispos da Áustria e ao cardeal Döpfner, bispo de Berlim, para informá-los do bem que a passagem de Nossa Senhora de Fátima estava operando na Itália. Certamente não estava me iludindo de obter um resultado imediato, mas esperava, pelo menos, ajudar a preparar algo para o futuro. Gostei imensamente quando soube do itinerário da última peregrinação de Nossa Senhora de Fátima ao redor do mundo, em 1978, especialmente quando a vi indo para Viena, Berlim, Polônia: ela finalmente cruzou a cortina de ferro. Quando agradar ao Senhor, chegará a Moscou, e será seu mais belo triunfo.

O cardeal Lercaro estava a par das minhas ideias e dos meus relatórios de correspondência. Ele me escreveu em 21 de julho:

> Caríssimo Pe. Amorth, estive em Fátima. O bispo de Leiria, que vi, não me falou da viagem de Nossa Senhora à Áustria e a Berlim. O cardeal Cerejera, por outro lado, confirmou-me a autenticidade da promessa de Nossa Senhora para as nações que, a exemplo de Portugal, se consagrarão ao seu Imaculado Coração. Aquelas palavras estão contidas em uma carta de Lúcia (parece-me que de 1949 ou 1950) ao Santo Padre Pio XII, carta que passou pelo Patriarcado e da qual o patriarca

fez pessoalmente uma cópia. O padre Gonzaga da Fonseca teve que ser autorizado (seja por Lúcia ou pelo Santo Padre) a publicar essa promessa. O patriarca, portanto, penso que seja favorável a conceder isso; e assim o bispo de Leiria, cujo apreço pelo itinerário mariano na Itália também se evidencia no convite que me foi feito para celebrar o pontifical na Cova da Iria, no dia 13 de maio, p.f., que é o dia mais solene para Fátima e no ano em que o segredo será aberto. Agradeço ao Senhor que vos inspirou com a ideia e a vós que a traduzistes em ação: a ruína do mundo está sobre nós; é preciso que Nossa Senhora corra logo para onde essa ruína está sendo preparada!

Dois dias depois, em resposta a uma carta minha, ele me escreveu: "Ouço com alegria as notícias da Áustria e de Berlim e aguardo a carta do cardeal Döpfner, para adicionar o meu encorajamento ao seu".

Não conheço as horas de Deus. Tenho a impressão de que, mesmo depois de tudo o que vimos, a mensagem de Fátima foi mal recebida e que o mundo ocidental está *brincando* com o comunismo. Confio na proteção de Nossa Senhora sobre a Itália, que lhe é consagrada; mas as consagrações devem ser vividas, não agem mecanicamente.

Por muitos anos, eu ia ao Padre Pio, era seu filho espiritual, e gostaria que a imagem sagrada fizesse um desvio para San Giovanni Rotondo. O denso calendário, já estabelecido e comunicado aos bispos, parecia impossibilitar esse desejo. Em vez disso, o caminho se abriu com toda a naturalidade. O padre estigmatizado dirá: "Nossa Senhora veio aqui porque queria curar o Padre Pio".

Olhando para o calendário do início de agosto, em que se realizavam as visitas nas cidades próximas a Foggia, notei que dois dias haviam sido atribuídos a Benevento, enquanto para as outras cidades havia apenas um dia disponível.

Bastava que também a província natal de Padre Pio estivesse satisfeita com apenas um dia, e o tempo para a visita a San Giovanni Rotondo teria sido adquirido. Escrevi ao bispo e obtive resposta afirmativa.

Com grande prazer, comuniquei meus planos ao padre Mariano, meu bom amigo capuchinho, e ao arcebispo de Manfredonia, dom Cesarano. Esse último inicialmente se declarou contrário; em um itinerário tão oficial, reservado às capitais de província, parecia-lhe que San Giovanni Rotondo era uma exceção a não ser feita, diante de muitas cidades italianas mais importantes que foram excluídas. Mais uma vez, recorri à mediação do cardeal Lercaro, que resolveu todas as dúvidas. O arcebispo de Manfredonia, em uma carta posterior, me comunicou sua plena aprovação.

Padre Mariano me escreveu toda a satisfação dos capuchinhos e, sobretudo, do Padre Pio: "Padre Pio ficou muito feliz com o sucesso de seu trabalho. Pedi-lhe uma palavra para você e o padre me disse exatamente estas palavras: 'Diga-lhe que sempre me lembro dele com amor ao Senhor e rogo à Mãe do Céu que lhe dê uma grande recompensa nesta e na outra vida'".

A biografia de Padre Pio, escrita pelo padre Fernando da Riese Pio X, dedica um pequeno capítulo ao encontro do Padre Pio com Nossa Senhora de Fátima, que chegou entre 5 e 6 de agosto. O padre estava doente havia meses e, a partir de 5 de maio, não pôde celebrar nem confessar, justamente no período de maior afluência de fiéis. Quando o helicóptero partiu após a visita, Padre Pio dirigiu-se a Nossa Senhora com um lamento confiante: "Nossa Senhora, minha Mãe, a senhora entrou na Itália e eu estou doente; agora vai embora e me deixa ainda doente".

Nesse instante, sentiu como um arrepio e disse aos irmãos: "Estou curado". Sentiu-se saudável e forte como nunca em sua vida.

A visita a Padre Pio não foi a única variação do *tour* oficial. Houve outras, entre as quais me lembro, em Roma, a parada no hospital de São Camilo, excelentemente preparada por dom Angelini (dom Angelini tinha razão ao me lembrar da predileção da Virgem por seus filhos doentes); e a brevíssima parada, de passagem, na casa central da Família Paulina, onde Pe. Alberione acolheu a Virgem, junto com suas congregações religiosas.

Não é de se estranhar que não faltassem dificuldades na organização da *Peregrinatio*, anunciada quase de repente. Cada diocese soube superar muito bem os obstáculos. Onde se fez maior esforço foi em Roma. O vicariato esteve completamente envolvido na preparação do Sínodo Romano, desejado pelo Santo Padre; tinha de garantir, além disso, que o trabalho comum fosse realizado, então ele estava com sérias dificuldades para pensar em qualquer outra coisa. Reportei-me a dom Strazzacappa e não sei exatamente quem lhe deu o encargo; sei que ele foi encarregado de prover tudo: "Que ele fizesse tudo". E se empenhou nisso com toda sua generosidade e capacidade de organização, independentemente do cansaço e de outros compromissos. Estava alegre; parecia-lhe que estava trabalhando para Nossa Senhora em nome do papa, já que estava preparando tudo para a diocese romana. E também em Roma a passagem de Nossa Senhora de Fátima foi grandiosa. Encontrar-se-á escrito nas notas pessoais de S. Ex.ª: "Todas as previsões foram superadas, e se o início foi triunfal, a conclusão em Roma foi avassaladora".

Mas o trabalho feito por dom Strazzacappa foi mal interpretado, e ele foi infligido com grande descontentamento. O Senhor o estava preparando para a recompensa eterna. Após a *Peregrinatio*, o querido bispo voltou a Fátima em 13 de outubro de 1959, onde lhe aconteceu o que chamou de "um fato misterioso e significativo": ao pisar em Fátima, ficou completamente cego. Depois de dois dias na cama, voou de volta para a Itália. Ele retomou seu trabalho intenso e generoso, até sua morte súbita aos 56 anos, na ilha Tiberina.

Ao longo da nossa atividade, fomos consolados pelas boas notícias que vinham de todas as partes. Sobre os últimos acontecimentos, o cardeal Lercaro mencionou-me, na carta de 23 de julho:

> Caríssimo Pe. Amorth, obrigado por sua carta. Também eu tenho o desejo de ir ao Padre Pio; não pude aceitar o convite para a inauguração do Santuário da Graça e nem mesmo o de São Francisco, porque 4 de outubro é a festa de São Petrônio, para Bolonha. Mas procurarei uma oportunidade para ir lá... Para Roma, enviei, como sabe, uma carta ao Eminentíssimo Cardeal Vigário e a remeti a dom Strazzacappa para levar em mãos ou enviar, conforme o melhor julgamento. Mas o senhor verá que, no último momento, Nossa Senhora vai pensar ela mesma. Amanhã a República de San Marino precederá a República Italiana na consagração ao Coração de Maria: bispo e regentes, na partida de Nossa Senhora (que, por meio de acrobacias, conseguiu chegar lá em cima por uma tarde), farão o ato oficial de consagração.

## *A fórmula de consagração*

Esta também era uma preocupação do cardeal Lercaro. Na carta de 23 de julho, já me falava disso: "Quanto à fórmula da consagração, escrevi algo a dom Strazzacappa no tom que, a meu ver, deveria ter; acredito que poderíamos fazê-lo nós (como fórmula do Episcopado); e se, depois, o Santo Padre nos der uma sua, tanto melhor!".

Em 9 de agosto, me escreveu:

> Em 16 do corrente, parto para os Estados Unidos e só voltarei no dia 2 de setembro; confio ao senhor a tarefa de continuar com a organização, depois da minha partida. Enviei a dom Strazzacappa, no endereço da comissão (rua da Conciliação, 1), uma fórmula de consagração que responde ao que penso; como também lhe escrevi, gostaria que fosse examinada e, em particular, apresentada ao Eminentíssimo Cardeal Mimmi, que, na função de Legado Pontifício em Catânia, deverá lê-la. Estou muito contente com as boas notícias que continuam a chegar das cidades por onde passa Nossa Senhora: são uma confirmação de que isto é querido pelo Senhor e uma garantia das graças que se seguirão à consagração.

E datada de 2 de agosto:

> Reverendíssimo e caríssimo Pe. Amorth, escrevo-lhe para pedir algo novo, que também me parece providencial. *(Resumo: tratava-se de italianos que emigraram para o exterior.)* Parece-me algo bonito. E, entretanto, parece-me que a comissão, com o consentimento do Conselho Superior de Emigração (Cardeal Mimmi, que é nosso Legado), dirigisse uma carta a todos os capelães dos emigrantes no estrangeiro, para notificar o fato da consagração e associar-se espiritualmente com os irmãos emigrados. Além disso, penso se na fórmula de consagração não se poderia acrescentar (já é longa, mas é feita de uma vez por todas!) uma referência aos emigrantes, por exemplo, onde se diz: "[...] confortai os sofrimentos, alimentai as esperanças, também dos irmãos que a necessidade obrigou a cruzar a fronteira da pátria". Como escrevi, estou partindo; eu deixo isso para o senhor. Encarreguei S. Ex.ª Salizzoni, vice-secretário do partido, de consultar Segni e Gronchi para a participação em Catânia; aguardo a resposta e lhe enviarei, escritas a mão, as cartas ou a carta, para que proveja a fazê-la assinar por S. Ex.ª Dom Bentivoglio e as encaminhe.

O cardeal Mimmi também foi sensível a essa sugestão e incluiu a referência aos emigrantes na fórmula de consagração.

A consagração foi realizada de forma muito solene em Catânia, em 13 de setembro de 1959, último dia do Congresso Eucarístico Nacional. João XXIII assim se expressou, fazendo-se presente com uma mensagem radiofônica:

> Este sentimento de humildade e de serviço voluntário a Deus e à sua Igreja levou-vos à profissão de fé e de amor de hoje, que doravante será mais generosa do que no passado, depois do ato de consagração da Itália por vós realizado ao Imaculado Coração de Maria. Confiamos que, em virtude desta homenagem à Santíssima Virgem, todos os italianos, com renovado fervor, venerem nela a Mãe do Corpo Místico, do qual a Eucaristia é símbolo e centro vital; que imitem nela o modelo mais perfeito de união com Jesus, nossa Cabeça; unam-se a ela na oferta da vítima divina e, por sua materna intercessão, implorem para a Igreja os dons da unidade, da paz, sobretudo um florescimento mais fecundo e fiel das vocações sacerdotais. Desse modo, a consagração tornar-se-á motivo de empenho cada vez mais sério na prática das virtudes cristãs, defesa muito válida contra os males que as ameaçam e fonte de prosperidade, mesmo temporal, segundo as promessas de Cristo.

Seis dias depois, em 19 de setembro, foi lançada a primeira pedra do templo de Trieste, em homenagem a Maria Mãe e Rainha, que, como disse o próprio pontífice, "lembrará a todos o suave vínculo da consagração".

*Ato de consagração*

*Virgem Maria, Mãe de Deus e nossa Mãe, que em Fátima nos exortastes a rezar, a reparar os pecados e a consagrar-nos ao vosso Imaculado Coração, acolhemos o vosso convite com* ânimo filial e agradecido. Nesta hora cheia de preocupações para o mundo inteiro, elevamos a vós a nossa oração confiante e fervorosa.

Rogamos, ó Maria, que obtenhais de Jesus a graça da nossa salvação e de toda a humanidade; para que o mundo seja libertado de todo ódio, injustiça e violência; para que homens e mulheres se sintam irmãos e vivam em harmonia e paz.

Olhando para nossa consciência e nosso trabalho, nos reconhecemos como pecadores e, por vosso intermédio, pedimos humildemente perdão ao Senhor. Pecamos ao nos afastarmos da vontade de Deus e nos esquecermos das promessas do batismo; não vivemos o Evangelho e não testemunhamos a nossa fé. Obtende-nos o perdão, ó Refúgio dos pecadores.

E agora nos consagramos ao vosso Imaculado Coração (ou: consagramos nossa família, paróquia, diocese... ao Imaculado Coração). A nossa consagração quer ser um ato de total disponibilidade a Deus e ao seu desígnio de salvação para nós, a ser vivida segundo o vosso exemplo e com a vossa orientação materna. Estamos conscientes de que esta consagração nos compromete a viver segundo as exigências do batismo, que nos une a Cristo como membros da Igreja, comunidade de amor, de oração, de anúncio do Evangelho no mundo.

Aceitai, ó Mãe da Igreja, esta nossa consagração e ajudai-nos a ser fiéis a ela. Convosco, humilde serva do Pai, diremos nosso "sim" à vontade divina todos os dias de nossa existência. Por vós, mãe e discípula de Cristo, trilharemos sempre o caminho do Evangelho. Guiados por vós, esposa e templo do Espírito Santo, espalharemos alegria, fraternidade e amor no mundo.

Ó Maria, voltai os vossos olhos misericordiosos para a humanidade consagrada ao vosso Imaculado Coração. Implorai pela Igreja, pelas famílias, pelos povos o dom da unidade e da *paz. Vós que já viveis gloriosamente na luz de Deus, oferecei ao ser humano atormentado de hoje a vitória da esperança sobre a angústia, da comunhão sobre a solidão, da paz sobre a violência.*

*Acompanhai-nos no caminho da fé nesta vida e mostrai-nos, depois deste exílio, Jesus, o fruto bendito do vosso ventre, ó misericordiosa, ó piedosa, ó doce Virgem Maria.*

# VII
# "CUIDE DISSO!"

O ano da graça de 1959 começou com um grande anúncio da parte do novo papa, apenas três meses depois de sua eleição ao trono de Pedro. João XXIII, no domingo, 25 de janeiro, foi celebrar a solenidade litúrgica da Conversão de São Paulo na abadia beneditina de São Paulo Fora dos Muros, acompanhado pelos cardeais presentes em Roma. No final da missa, o papa se fecha com os cardeais em uma sala, para uma espécie de "consistório sem aviso prévio", como um dos presentes o definirá. Ele quer confiar a notícia de uma decisão tomada aos seus colaboradores mais próximos. Fala da Igreja e das suas dificuldades do momento: espíritos enfraquecidos, divisões, resistências, fechamentos, em um mundo em mudanças muito rápidas, que também questiona a fé. O velho papa bergamasco, portanto, anuncia aos dezessete cardeais presentes como pretende responder aos desafios: "Veneráveis irmãos e filhos amados nossos. Pronunciamos diante de vós, certamente tremendo um pouco de comoção, mas juntamente com humilde resolução de propósito, o nome e a proposta da dupla celebração: de um Sínodo Diocesano para a *Urbe* e de um Concílio Ecumênico para a Igreja universal".

Um Concílio. O último fora interrompido noventa anos antes, sob Pio IX, com os piemonteses de Vittorio Emanuele II às portas de Roma. A ideia veio na época para Pio XI, Achille Ratti, mas nenhum fato se seguiu. Pio XII, Pacelli, também pensou nisso, sem, no entanto, poder realizá-lo. E eis que o velho João XXIII, considerado um papa de transição e, portanto, desprovido de ímpeto significativo, anuncia-o de surpresa, sem consultar ninguém além do seu secretário de Estado, o cardeal Tardini, pegando todos despreparados para a notícia. Quer muito realizar o Concílio, e logo, porque sabe que não tem muito tempo. Então, começa-se imediatamente, para dar início aos trabalhos na quarta-feira, 11 de outubro de 1961. Não o concluirá, papa João partirá primeiro. Mas a porta foi aberta. Muita coisa mudará na vida da Igreja. E de todo o mundo.

Para Gabriele Amorth, após os sucessos marianos, inicia-se um período de intenso trabalho dentro de sua congregação. Pe. Alberione o encarrega de organizar os institutos agregados à Sociedade de São Paulo, "um para sacerdotes: Instituto Jesus Sacerdote; um masculino: Instituto São Gabriel Arcanjo; um feminino: Instituto Maria Santíssima Anunciada. Ele os confiou a mim, ele me disse: 'Cuide disso!'". O Primeiro Mestre sempre faz isso: identifica a meta e a confia a um dos seus, e o envia para alcançá-la, de mãos vazias, como os discípulos de Jesus. O fundador confia em Deus e em sua providência.

O significado dessas agregações, na visão do Pe. Alberione, é explicado pelo Pe. Amorth da seguinte forma:

> Para o Instituto Jesus Sacerdote, via clara a necessidade de retirar os padres diocesanos do isolamento e de dar-lhes a possibilidade de viver votos religiosos completos, embora permanecendo no próprio estado. Para os dois institutos laicais, São Gabriel Arcanjo e Maria Santíssima Anunciada, via, sobretudo, duas finalidades: permitir que a consagração total a Deus entrasse em todas as profissões da vida, em todos os ambientes; e uma resposta ao ateísmo de hoje.

Pe. Amorth estará ao lado de Pe. Alberione até sua morte, em 1971. Põe a mão nos três novos institutos, que depois segue longamente: "Acabaram de nascer o masculino e o feminino, um pequeno grupo de pessoas; o dos padres, por outro lado, ainda não existia, então eu tive que ir procurar os padres que vinham fazer exercícios espirituais, para falar com eles sobre esse instituto, esperando que eles entrassem nele. E assim começamos", contará ele a Elisabetta Fezzi. Um pioneiro, um semeador com um campo para dar frutos; Pe. Amorth se lança nele com entusiasmo, obtendo bons resultados.

> Então, um pouco de cada vez, eles cresceram em número. Esse era o instituto mais exigente: deixei-o, confiando-o a Pe. Lamera, que tinha uma grande comunhão com os sacerdotes, e de fato foi uma grande graça para eles. Depois, também deixei o Instituto São Gabriel Arcanjo, porque eu não aguentava mais: nesse ponto, as Anunciatinas eram quase trezentas, então eu estava constantemente fora de casa para exercícios e retiros espirituais.

Após dezessete anos de trabalho exigente na organização dos institutos, sua congregação o chama para um novo encargo interno. Após a morte do fundador, os Paulinos foram guiados pelo seu sucessor, Pe. Luigi Zanoni, até 1975. Nesse ano, assumiu a função o Pe. Raffaele Tonni. Foi ele quem, em 1977, pediu ao padre Amorth que assumisse o cargo provisório de delegado provincial:

> Ele não queria nomear um superior provincial para a Itália, mas um delegado, porque tinha ideias a desenvolver e precisava de um executor. Assim, deixei as Anunciatinas e tornei-me delegado provincial: foi o ano mais doloroso para mim, mais doloroso porque aquelas provisões nunca me foram dadas e eu não era adequado, não estava preparado para aquele cargo;

então, do meu ponto de vista, foi um ano muito negativo. O ponto positivo é que me desvinculou do Instituto Maria Santíssima Anunciada, senão ainda estaria nele! Ao invés disso me desvinculei, e assim fiquei disponível para outra coisa.

Passa a cuidar dos Cooperadores Paulinos, leigos que compartilham os ideais de Pe. Alberione e sua congregação, colaborando com a Sociedade de São Paulo de diversas maneiras, "com espírito paulino, como indica o fundador: com a oração, com as obras e com as ofertas". Ele os seguirá por um ano, e terá de mudar de novo, porque – explica – "morreu Pe. Zilli, diretor da *Família Cristã*. Após essa morte, a revista precisou de reforços, e então o superior-geral, Pe. Renato Perino, me chamou e disse: 'Preciso enviar Pe. Andreatta (que era o diretor da *Madre di Dio*) a Milão para a *Família Cristã*, e, se aceitares, confio a ti *Madre di Dio*".[1]

Pe. Giuseppe Zilli, de Fano Adriano, na província de Teramo, nascido em 1921, foi o protagonista de uma das mais extraordinárias aventuras editoriais da história da Itália. Assumindo a direção de *Família Cristã* em 1954, quando era pouco mais que um folheto religioso distribuído nas paróquias, transformou-a em um comboio de dois milhões de exemplares, tornando-a um jornal de grande influência no panorama da informação local. Chama jornalistas leigos, moderniza a tipografia de Alba, atualiza os gráficos, cria a redação central em Milão, transferindo-a de Alba, que é muito isolada; dá sua contribuição muito pessoal com a coluna de cartas dos leitores *Colóquios com o padre*, que se tornará um espaço cheio de experiências, ideias, conselhos, ajudas concretas.

---

[1] *Madre di Dio* (Mãe de Deus) é uma revista mensal com temas marianos, fundada em 1932. [N.T.]

Pe. Zilli inventa também a revista mensal de informação e cultura religiosa *Jesus*, na qual colaborarão intelectuais da área católica, mas também de outras religiões. A capa do primeiro número continua famosa, com um Jesus de terno e gravata, significando a necessidade de atualizar a mensagem eterna do Evangelho. Funda o Grupo Periódicos Paulinos, que hoje se chama Periódicos São Paulo, e se torna o seu diretor-geral. Gerações de jornalistas crescem em sua escola. Ele escolhe como seu substituto seu coirmão e amigo Pe. Leonardo Zega, da região das Marcas, da província de Macerata, que o sucederá como diretor. Pe. Zilli é o símbolo do sacerdote paulino, empenhado em difundir o Evangelho com os meios modernos de comunicação: funda também uma rádio e uma televisão.

Toda semana, ele viaja de Milão a Alba e volta, para fechar sua coluna na gráfica. É um motorista imprudente, alguns dizem que "os Paulinos fizeram um quarto voto, o da velocidade". Pouco antes do Natal de 1978, no seu regresso a Milão, sofre um gravíssimo acidente na autoestrada, salvando-se, mas iniciando uma longa provação hospitalar, entre tratamentos e operações que enfraquecem o seu físico robusto. Ele recomeça, continua seu trabalho, a voz ficou mais cansada. Em 1980, participa do Capítulo Geral da Sociedade de São Paulo em Ariccia, perto de Roma. Ele é mencionado como um possível candidato ao cargo de superior geral. Mas morre repentinamente, com apenas 58 anos, em 31 de março, Segunda-feira Santa, provavelmente de um ataque cardíaco causado pelas consequências do acidente. Levado a Alba na Sexta-feira Santa, saudado por milhares de pessoas na gráfica, é sepultado no túmulo dos Paulinos.

A morte de Pe. Zilli, portanto, leva Pe. Amorth à direção da *Madre di Dio*, a revista mariana da São Paulo. Ele lembra:

Eu já tinha sido editor dessa revista enquanto estava em Alba, portanto não era um novato no campo, e imediatamente disse: "Bem, isso e muito mais se faz pela Mãe de Deus!". Tendo me tornado diretor, dediquei-me também a muitas atividades de cunho mariano, como reunir os diversos grupos; fizemos muitas coisas. A última, ou pelo menos uma das maiores, foi quando, em 25 de março de 1984, João Paulo II trouxe a Roma a imagem de Nossa Senhora de Fátima, aquela que nunca se move e está fixa na praça; ele a fez vir para a consagração do mundo ao Imaculado Coração de Maria: para a ocasião, reuni todos os grupos marianos na praça de São Pedro. A praça estava tão cheia, que muitas pessoas não conseguiam ver o papa nem de longe; a rua da Conciliação estava lotada e também o espaço por trás da colunata de Bernini. Nós, organizadores, estávamos na primeira fila! Eu poderia ter estendido a mão enquanto o papa, de joelhos, consagrava o mundo ao Imaculado Coração de Maria! Eu poderia estender a mão e tocá-lo! E então ele nos recebeu na capela da *Pietà,* porque, quando ele fazia reuniões públicas na praça de São Pedro, então ele entrava pela porta da basílica, e ia para a capela de Nossa Senhora das Dores, que é a primeira à direita; dali ele subia com o elevador, se desparamentava e descia: e assim nos recebeu lá.

Maria novamente. Pe. Amorth continua sua relação filial com a Mãe de Deus, dirigindo um jornal inteiramente dedicado a ela. Ele o fará por oito anos, até 1988. Ele reúne os movimentos marianos em um comitê especial, do qual se torna o secretário, enquanto o presidente é o honorável Oscar Luigi Scalfaro, outro amante de Nossa Senhora, futuro chefe de Estado, de 1992 a 1999. Nessa qualidade, ele trabalha na consagração do mundo a Maria, em 1984. Uma vida sob o manto da Mãe de Deus, como na mais antiga oração mariana: "*Sub tuum praesidium confugimus, sancta Dei Genetrix*".

# VIII
# A CASA DO CARDEAL

"Então, em 1986, minha vida mudou." Assim fala Pe. Amorth. Mas é uma mudança radical, inesperada, impensável. Nem imaginada, nem procurada. Outro encontro providencial, como aquele com Pe. Alberione, muitos anos antes. Dessa vez, é um cardeal. E que cardeal! O vigário do papa para Roma, Ugo Poletti. É em sua casa que o Pai Eterno o espera, para mandá-lo trabalhar em uma nova vinha.

Eis a narrativa de Pe. Amorth para Paolo Rodari:

> Estou no apartamento do cardeal Ugo Poletti, bispo vigário de Roma. Como todos sabem, o bispo de Roma é o papa, mas o pontífice, a partir do século XVI, delegou o governo pastoral a um vigário. É 11 de junho de 1986.
>
> Poletti costuma receber os padres sem marcar hora. Eu também, naquele dia, segui o procedimento. Apareci sem hora marcada. E fui imediatamente recebido. Não tenho nada de especial para perguntar ao meu bispo, só quero conversar com ele. Muitas vezes, é isso que os padres precisam. Poletti sabe disso e não pretende jamais que se deva ter uma razão importante para bater à sua porta.
>
> Ele me pergunta sobre meu trabalho dentro da Sociedade de São Paulo. De fato, sou padre paulino, jurista, apaixonado pela mariologia, jornalista profissional e editor da revista mensal *Madre di Dio*. Não sei explicar por qual motivo, mas, em certo ponto, a conversa cai sobre padre Cândido Amantini, isso é, sobre aquele que há 36 anos é o exorcista oficial da diocese de Roma.

"O senhor conhece o padre Cândido?", Poletti me pergunta surpreso. "Sim", respondo. "Aproximei-me do local onde esse padre passionista faz exorcismos, o santuário da *Scala Santa*,[2] que fica a poucos passos daqui, como curiosidade. Eu o conheci e de vez em quando vou vê-lo".

Poletti é um cardeal capaz de governar. E de decidir. Quando toma uma decisão, imediatamente a coloca por escrito, com assinatura legível e carimbo na parte inferior da folha.

Fico surpreso quando, sem dar explicações, ele abre uma gaveta da escrivaninha, tira uma folha com o papel timbrado da diocese e começa a escrever à mão. Escreve por um minuto. Algumas linhas escritas em tinta preta. Então ele traz um carimbo, um único golpe certeiro no canto inferior direito.

Não ouso perguntar nada. Um pressentimento me vem à mente, mas imediatamente o afasto, esperando que ele fale.

"Muito bem", diz o cardeal, fechando a folha em um envelope que ele deixa aberto antes de me entregar. "Este envelope é para você. Meus cumprimentos. Sei que fará bem".

Por alguns momentos não sei o que dizer. Ao receber o envelope, lembro-me do que meu pai espiritual sempre me disse na época do seminário: "Como você sabe se está fazendo a vontade de Deus? Só se você obedecer ao seu bispo pode ter certeza de que está no caminho certo".

**Nesse envelope está o destino de Pe. Gabriele Amorth, seu novo trabalho na vinha do Senhor, totalmente diferente do que tem feito até agora. São os desígnios do Pai eterno,**

---

[2] O pontifício santuário da *Scala Santa* (Escada Santa), sob a cura pastoral dos padres da Congregação da Paixão de Jesus Cristo (Passionistas), deve seu nome aos 28 degraus que conduzem à capela (*Sancta Sanctorum*), os quais se sobem de joelhos em veneração à Paixão de Jesus. De acordo com uma antiga tradição cristã, a imperatriz Santa Helena, em 326, fez com que a escada que foi escalada por Jesus várias vezes no dia de sua sentença de morte fosse transportada para Roma, do pretório de Pilatos, em Jerusalém. [N.T.]

sempre inescrutáveis, surpreendentes, chocantes. O jornalista e padre paulino, apaixonado por Nossa Senhora, é aguardado para um novo desafio, formidável e estimulante, mas também cansativo e, em muitos sentidos, doloroso. Trata-se de olhar para o mal face a face e combatê-lo com todas as suas forças e para sempre. Um teste exigente, exaustivo para qualquer um. E relata Pe. Amorth:

> Decido abrir o envelope na frente do cardeal. Li o conteúdo e encontrei exatamente o que tinha imaginado. Algumas palavras bastante eloquentes.
>
> *Roma, 11 de junho de 1986*
>
> *Eu, cardeal Ugo Poletti, vigário arcebispo da cidade de Roma, nomeio como exorcista da diocese o padre Gabriele Amorth, religioso da Sociedade de São Paulo. Ele trabalhará ao lado do padre Cândido Amantini enquanto for necessário.*
>
> *Na fé,*
>
> *Cardeal Ugo Poletti*
>
> *Arcebispo vigário de Roma*
>
> "Eminência…"
>
> "Caro padre Gabriele, não precisa dizer nada. Assim decidi e assim deve ser. A Igreja precisa urgentemente de exorcistas. Roma acima de tudo. Há muitas pessoas que sofrem porque estão possuídas e ninguém está encarregado de libertá-las. Já faz tempo que o padre Cândido me pediu ajuda. Eu sempre desconversei. Não sabia quem enviar-lhe. Quando o senhor me disse que o conhecia, entendi que não poderia demorar mais. O senhor fará bem. Não tenha medo. Padre Cândido é um mestre especial. Saberá como ajudá-lo."
>
> "Continuo sem palavras. Conheço bem o Evangelho. Sei que Cristo deu o poder de expulsar demônios aos apóstolos e seus sucessores, os bispos, que, por sua vez, podem delegá-lo aos simples sacerdotes. Sei que a Igreja não pode ficar

sem exorcistas, há tantos possessos no mundo. Mas eu me pergunto: será que vou conseguir? E então, por que eu? Por que me foi confiada uma tarefa tão difícil e perigosa?".

Sim, por que Pe. Gabriele Amorth? A pergunta das perguntas que cada um se faz na vida. A resposta está no vento, no vento de Deus. E em seus desígnios extraordinários. Quem sabe por que o cardeal Poletti teve essa inspiração. O paulino que está diante dele nunca lidou com o Demônio, nem sabe nada sobre exorcismos. Então por quê? Pergunta legítima, mas inútil. Cabe a ele. E como o bispo é sempre obedecido, Pe. Amorth sai com sua carta na mão e muitas perguntas no coração e na cabeça. Mas ele sabe que não vai recusar, não pode – e não quer – recusar. Pelo contrário, reflete:

> A luta entre o bem e o mal, entre Satanás e Cristo, tem suas raízes nas brumas do tempo. Desde sempre, dois exércitos lutaram pela supremacia sobre o mundo: o exército de Satanás e o exército de Cristo. Por que Satanás existe? Por que um dos mais belos e nobres anjos do céu decidiu, em algum momento, rebelar-se contra Deus e tornar-se o príncipe das trevas? Ninguém o sabe. O fato é que ele, Satanás, existe e quer apenas uma coisa, levar o mundo à autodestruição, os homens à condenação eterna. O papa tem um papel fundamental nessa luta aparentemente interminável. É ele, talvez em primeiro lugar e mais que todos, quem deve lutar para que as portas do inferno não prevaleçam sobre a Igreja. Junto com ele estão os homens de boa vontade que fazem parte da Igreja. Entre os homens, os exorcistas desempenham um papel especial. Eles são como as pontas de lança desse exército que contrasta o mal com o bem. Sacerdotes escolhidos para expulsar a presença extraordinária de Satanás e seu exército, os demônios hierarquicamente submetidos a Satanás, pelo homem e, portanto, pelo mundo.

Mas me pergunto: por que eu tenho que ser um desses?
Saio da sala do cardeal Poletti com a folha de nomeação na mão e muitas perguntas e algum medo em minha mente. Depois de alguns passos, entendo que há apenas uma coisa sensata a fazer. E eu faço isso imediatamente.

Tudo o que resta é orar. Aqui está a única coisa a fazer em um momento de tão grande confusão e perturbação. Rezar, pedir ajuda ao único que pode dar. Pedir luz para ver além das sombras de uma decisão que faz tremer os pulsos. Como se faz para combater contra o Demônio? Um homem contra um anjo que se rebelou contra Deus. Sim, tudo o que resta é orar. E Pe. Amorth faz isso, imediatamente.

A basílica de São João de Latrão é a mais antiga e nobre de Roma. Em uma das suas capelas laterais está sempre presente o Santíssimo, o corpo de Cristo. Entro. Ajoelho-me em um dos muitos bancos de madeira. E aqui faço o meu pedido ao céu, ou melhor, a Nossa Senhora: "Mãe de Deus, eu aceito esta missão, mas protegei-me com vosso manto".
É uma simples súplica. Poucas palavras, mas sinceras. Quero obedecer ao meu bispo e coloco todos os meus medos nas mãos de Nossa Senhora.
Quem sou eu para lutar contra o príncipe das trevas?
Eu não sou ninguém. Mas Deus é tudo. O Demônio não se combate com as próprias forças, mas com as do céu.
Um dia, muito depois de fazer esse apelo, me vejo exorcizando uma pessoa possuída. Através da sua voz, é Satanás quem fala comigo. Ele cospe em mim insultos, xingamentos, acusações e ameaças. Mas a certa altura ele me diz: "Padre, vai embora. Deixa-me em paz".
"Vai tu embora", eu lhe respondo.
"Peço-te, padre, vai embora. Não posso fazer nada contra ti."
"Dize-me, em nome de Cristo, por que não podes fazer nada?"
"Porque tu estás muito protegido por tua Senhora. Tua Senhora, com o seu manto, te envolve, e eu não posso alcançar-te."

*Sub tuum praesidium confugimus...* Sob o teu manto, encontramos um refúgio seguro: é assim que a Igreja reza há séculos. Em São João de Latrão, diante do Santíssimo, isto é, com Jesus fisicamente presente, ao lado de Maria, sua Mãe, Pe. Gabriele Amorth assume um terrível mandato: ir à linha de frente para lutar contra o próprio Satanás, conforme a palavra de Jesus, que disse aos discípulos que expulsassem demônios. Ele deverá fazer exatamente isso, e ele terá de fazê-lo no século XX, quando Satanás parece ter vencido, convencendo os homens de que ele não existe, ou que não existe mais.

Pe. Amorth dirá a Elisabetta Fezzi que tentou resistir ao cardeal Poletti, que foi vê-lo para "mantê-lo feliz", com várias desculpas: "Mas você me conhece, sabe que sou um brincalhão, um bom para nada, só a fazer brincadeiras e travessuras...". Nada a fazer, o cardeal o quer, exatamente ele, com esse caráter e com essas características. De fato, talvez ele o tenha escolhido porque era capaz de piadas e travessuras, um espírito alegre. Que melhor oponente para o Demônio e suas tramas sombrias?

Pe. Amorth deixará a direção de *Madre di Dio* e se dedicará exclusivamente ao exorcismo. Até o fim de seus dias. Ele vai exorcizar, falar, escrever, instruir outros exorcistas. Sentindo-se sempre um instrumento nas mãos de Deus, protegido e guiado por Maria: "Estou apegado a Nossa Senhora, sou agarrado ao seu manto".

Tudo o que resta é começar.

"A minha vida mudou."

De onde se começa a fazer o exorcista? Pe. Amorth vai ao padre Cândido Amantini com a carta do cardeal Poletti. Esse a lê e, sem nenhuma reação, lhe diz: "Bom. Vamos começar imediatamente. Deve fazer duas coisas. Primeiro: pegue um ritual de exorcismos. Está em latim. Leia as 21 regras que precedem o rito. Aprenda-as de cor. Sem essas regras, você será derrotado. Segundo: comece a fazer exorcismos em casa, sozinho". Isso é tudo. Leia algumas regras em latim e tente exorcizar sozinho. E o aprendiz de exorcista obedece.

> Estudo as 21 regras. Fico impressionado com as primeiras. São ensinamentos gerais. Explicam que nunca se deve acreditar que todos aqueles que dizem estar possuídos o estejam realmente. A maioria das pessoas tem somente problemas psicológicos graves. Ao mesmo tempo, ensinam que o diabo se esconde. E que, portanto, é preciso ter muita prudência, mas também ser muito esperto. O diabo deve ser caçado.

Outra noção que deve ficar imediatamente clara: "Quais são os sinais da presença do Demônio? Falar fluentemente línguas desconhecidas ou entender quem as fala. Conhecer fatos distantes ou ocultos. Demonstrar possuir forças superiores à idade e condição natural, e outros fenômenos desse tipo".

Assim, Pe. Amorth *estuda* como exorcista, treinando em casa, sozinho: "Aprendo bem as fórmulas do ritual. E quando as aprendi, começo a intervir sobre os possessos, primeiro com padre Cândido ao meu lado. Depois, sozinho. Com o padre Cândido, aprendi os truques do ofício".

Uma extraordinária aventura do bem contra o mal começa. A luta de um padre brincalhão e pirralho contra o príncipe deste mundo. Parece um confronto desigual. Mas o padre tem a Mãe de Deus do seu lado.

"Minha vida mudou."

# IX
# PEDRO E A FUMAÇA DE SATANÁS

A Igreja tem mais um exorcista. Naquela época, na Itália havia mais ou menos vinte. Muito poucos, muito poucos. Talvez, quem sabe, a luta contra Satanás seja considerada perdida desde o início. Ou talvez, pior, mesmo no Vaticano, espalhou-se a ideia de que Satanás não existe, ou não existe mais. No entanto, os papas que se sucedem um ao outro advertem. João XXIII fez isso. E como podemos esquecer as palavras de Paulo VI, pelo menos em três ocasiões?

Em 29 de junho de 1972, o papa Montini, na festa dos apóstolos Pedro e Paulo, falando da situação da Igreja pós-conciliar, com todas as inquietudes que surgiram após o tempo da esperança, pronunciou palavras inesperadas, inusitadas, terríveis:

> Tenho a sensação de que por alguma fresta a fumaça de Satanás entrou no templo de Deus. Há a dúvida, a incerteza, a problemática, a inquietação, a insatisfação, o confronto. Não se confia na Igreja [...]. Acreditava-se que, depois do Concílio, viria um dia de sol para a história da Igreja. Em vez disso, chegou um dia de nuvens, de tempestades, de trevas, de pesquisas, de incertezas [...] Acreditamos em algo sobrenatural (o diabo) que veio ao mundo justamente para perturbar, abafar os frutos do Concílio Ecumênico e para impedir que a Igreja prorrompesse no hino de alegria por ter recuperado plenamente a consciência de si.

No mundo católico, há reações de surpresa e inquietação: mas como, o diabo? Ninguém mais fala sobre isso, nem mesmo nos confessionários e nos púlpitos, desaparecido também das fórmulas litúrgicas. Por que o papa o recorda ainda? Responde-se: no Evangelho, fala-se disso. Objeção: sim, mas seria melhor deixá-lo um pouco de lado, há outros temas mais urgentes, atraentes, envolventes, não se mencione o nome do diabo em vão, enfim. Há quem pense que Paulo VI estava errado, que voltou a temas obsoletos, atemporais, inúteis e desnecessariamente divisivos.

Mas ele se repete cinco meses depois, em 15 de novembro, na audiência de quarta-feira na sala Nervi. Ele diz: "Uma das maiores necessidades da Igreja hoje é a defesa contra aquele mal que chamamos de Demônio. Terrível realidade. Misterioso e pavoroso [...] Apenas pronunciar este nome, em nosso tempo, pode parecer simplista, ou até mesmo supersticioso e irreal". Mas não há escapatória: quem quiser respeitar o "quadro do ensinamento bíblico e eclesiástico", em suma, quem quiser ficar dentro do recinto da Igreja católica deve tomar nota dessa realidade e aceitá-la, sabendo que Satanás age no homem e no mundo. "É o inimigo número um, é o tentador por excelência. Sabemos que esse ser sombrio e conturbador verdadeiramente existe e com astúcia traiçoeira ainda age: é o inimigo oculto que semeia erros e infortúnios na história humana." Portanto, "o mal", argumenta o papa Paulo VI, "não é mais apenas uma deficiência, mas uma eficiência, um ser vivo, espiritual, pervertido, pervertidor". Como Jesus aos discípulos de Emaús, ele continua explicando as Escrituras, com citações também dos Padres da Igreja e de autores modernos.

> A presença de Satanás – continua – é um capítulo muito importante da doutrina católica a ser reexaminado, enquanto hoje o é pouco. [...] Hoje, prefere-se mostrar-se fortes e

sem escrúpulos, posar de positivistas, apenas acreditar em muitas objeções mágicas ou populares gratuitas, ou pior, abrir a própria alma [...] às experiências licenciosas dos sentidos, às deletérias dos entorpecentes, bem como às seduções ideológicas dos erros de moda, rachaduras essas pelas quais o Maligno pode facilmente penetrar e alterar a mentalidade humana.

As antigas profecias do santo cujo nome o papa Montini leva parecem ressoar: pelo desejo de ouvir coisas novas, eles se voltarão para as fábulas. Acontece exatamente assim.

Paulo VI voltará a falar novamente do Demônio em outra Audiência Geral, em 3 de fevereiro de 1977: "Não é de admirar que a Escritura nos avise amargamente que *o mundo inteiro está sob o poder do Maligno*". Padre Amorth comenta:

> Paulo VI fala muitas vezes do Demônio. E muitas vezes liga a sua figura à Igreja. Por quê? Talvez porque queira simplesmente admoestar a Igreja, pedir-lhe que seja prudente, que fuja das tentações de Satanás. Mas, na minha opinião, há mais. Paulo VI, de alguma forma, percebe que Satanás está dentro da Igreja, talvez até dentro do Vaticano. E lança o alarme.

Em 1978, com a morte de Paulo VI e após os 33 dias do papa Albino Luciani, um inesperado e impensado papa apareceu no balcão central de São Pedro: seu nome é Karol Wojtyla, ele vem da Polônia, toma o nome de João Paulo II. Guiará a barca de Pedro por mais de 26 anos, introduzindo a Igreja no terceiro milênio. E ele acredita no Demônio, e como. Como explica Pe. Amorth a Paolo Rodari, "durante seu longo pontificado, João Paulo II lutou várias vezes contra Satanás. E sua batalha continua até hoje, que ele está morto. De fato, João Paulo II ainda está presente hoje durante muitos exorcismos".

O papa que veio de um país distante é um inimigo formidável para o príncipe deste mundo. Como testemunha novamente Pe. Amorth:

> Uma vez Satanás falou-me longamente sobre João Paulo II. Ainda me lembro da voz rouca do príncipe das trevas. Ele falou comigo pouco antes de deixar a pessoa que ele possuía. Era como uma confissão que ele queria me fazer antes que, com o poder de Cristo, eu conseguisse expulsá-lo. Obviamente, suas palavras podem ter sido uma mentira. Mas ainda vale trazê-las de volta, porque elas dizem alguma coisa. Ele disse: "Karol Wojtyla, eu o odeio. Todos nós o odiamos. Wojtyla destruiu meus planos. Eu queria destruir o mundo, mas foi ele quem precipitou o comunismo na Rússia e no Leste Europeu antes que eu conseguisse meu projeto. Foram anos em que países inteiros viveram aterrorizados. Eu os havia colocado em permanente estado de terror. A Segunda Guerra Mundial foi uma obra-prima minha. Mas o que se seguiu depois, o comunismo, com os seus milhões de mortos, e sobretudo a fome e o sofrimento de populações inteiras foram uma cereja no topo do bolo que superou o próprio bolo em qualidade. O polonês contribuiu para trazer a luz de volta. E então ele tirou muitos jovens das minhas mãos. Eles já eram meus. Eu os havia iniciado no mal. Viviam para mim, quer conscientemente, quer sem saber. Ele os tirou de mim. Eu o odeio por isso. E vou odiá-lo para sempre".

Fala-se de exorcismos feitos pelo próprio papa, mas seu nome é suficiente para desencadear a reação de Satanás:

> Quando João Paulo II é nomeado durante um exorcismo, o possuído literalmente espuma de raiva. [...] Mesmo quando se nomeia o Padre Pio de Pietrelcina, o Demônio enlouquece e fica furioso e muito agitado. Mas quando João Paulo II é nomeado, Satanás se torna ainda mais brutal, incontrolável. Satanás detesta João Paulo II e costuma dizer: "Eu o odeio com mais intensidade do que ao Padre Pio".

Portanto, conclui o padre Amorth:

> João Paulo II foi fundamental para nós exorcistas. Ele nos devolveu nosso lugar na Igreja, depois que o esquecimento caiu sobre nós por séculos. E ele sempre dizia à Igreja: quem na Igreja não acredita no Demônio não acredita sequer no Evangelho. Wojtyla acreditava na existência de Satanás. Ele se confiava totalmente a Cristo. Alguns no Vaticano não fizeram isso e talvez continuem a não fazê-lo.

E Bento XVI também é considerado um inimigo muito poderoso do Demônio. Como testemunha dom Andrea Gemma, no livro *Confidenze di un esorcista* (*Confidências de um exorcista*), durante um exorcismo, o Demônio teria dito que "o velhote [assim chama João Paulo II] nos causou um dano enorme, mas o que está agora é pior". O que está agora é, de fato, Joseph Ratzinger, que sucedeu ao papa Wojtyla em 2005, com o nome de Bento XVI. Poucos dias antes de subir ao trono de Pedro, nas meditações da via-sacra no Coliseu, tinha apontado o dedo contra a "sujeira" dentro da Igreja. E certamente sabia do que estava falando, tendo desempenhado, durante anos, o incômodo e central papel de prefeito da Congregação para a Doutrina da Fé, o antigo Santo Ofício, onde todas as misérias da vida da Igreja foram – e ainda são – descarregadas.

Como papa, não realizou exorcismos, mas "ele era temidíssimo por Satanás", dirá Pe. Amorth. Por toda sua vida e sua fé, pelo serviço fiel à Igreja, Joseph Ratzinger é um inimigo insuportável do Demônio: "A maneira como Bento XVI vive a liturgia, o seu respeito pelas regras. O seu rigor e sua postura são muito eficazes contra Satanás. A liturgia celebrada pelo pontífice é poderosa. Satanás é ferido cada vez que o papa celebra a Eucaristia".

Após a renúncia do pontificado, em fevereiro de 2013, Pe. Amorth reconhecerá que

> o papa Bento XVI fez muitas coisas pelos exorcistas, começando com a redação do *Catecismo da Igreja católica* e permitindo que nós exorcistas pudéssemos administrar o sacramental do exorcismo não só às pessoas que sofrem possessão diabólica, mas também àquelas que sofrem perturbações diabólicas, como assédio e infestação diabólica.

Satanás não queria que Ratzinger fosse papa, e ele estava certo. Mas, certamente, não foi melhor com o seu sucessor, Jorge Mario Bergoglio, o papa Francisco, eleito em 13 de março de 2013, retirado "do fim do mundo", que repetidamente se expressou claramente a propósito do Demônio e da sua presença real no mundo e na própria Igreja. Basta recordar o que está escrito na Exortação Apostólica *Gaudete et Exsultate*: "[O Demônio] não é um mito, uma representação, um símbolo, uma figura ou uma ideia". Não, é um ser presente e poderoso:

> Não admitiremos a existência do diabo se persistirmos em olhar a vida apenas com critérios empíricos e sem uma perspectiva sobrenatural. Precisamente a crença de que esse poder maligno está entre nós é o que nos permite entender por que, às vezes, o mal tem tanta força destrutiva.

Não devemos ser enganados, chegando a "baixar a guarda, descuidar de nós mesmos e ficar mais expostos". E ainda: Satanás "não precisa nos possuir", mas "nos envenena com ódio, com tristeza, com inveja, com vícios. E assim, enquanto reduzimos nossas defesas, ele se aproveita delas para destruir nossas vidas, nossas famílias e nossas comunidades".

Ainda, na homilia da missa de Pentecostes, em 23 de maio de 2021, o papa Francisco adverte contra a presença do Demônio:

Irmã, irmão, se perceberes a escuridão da solidão, se carregas dentro de ti uma pedra que sufoca a esperança, se tens uma ferida ardente em teu coração, se não encontras a saída, abre-te ao Espírito. Ele, escreveu São Boaventura, "onde há maior tribulação, traz maior consolação, não como o mundo que consola e lisonjeia na esperança, mas na adversidade zomba e condena" (*Sermão dentro da oitava da Ascensão*). Assim faz o mundo, assim faz, sobretudo, o espírito inimigo, o diabo: primeiro nos lisonjeia e nos faz sentir invencíveis – a bajulação do diabo que faz crescer a vaidade –, depois nos joga no chão e nos faz sentir mal: ele joga conosco. Ele faz tudo para nos derrubar, enquanto o Espírito do Ressuscitado quer nos levantar.

Nenhuma incerteza por parte dos sucessores de Pedro apóstolo. Com o Demônio não se brinca. Ele continua sendo o inimigo número um de todos os filhos de Deus, está por trás das negações e traições da fé, dos grandes e pequenos pecados que ferem toda a humanidade, enfraquecendo-a e tornando-a indefesa, frágil, impotente. Ele está por trás do sofrimento causado ao homem pelo homem, por trás das terríveis tragédias de guerras, violências, arbítrios cometidos todos os dias contra as criaturas menores, humildes, pobres e simples. Ele está sempre presente nas divisões, na maldade, no egoísmo que divide os homens entre si, no sangue derramado entre os pais e os filhos, entre os irmãos, entre os cônjuges. É um câncer que destrói a convivência humana.

# X
# "EU SOU LÚCIFER"

A vida muda aos 60 anos. A batalha de Pe. Gabriele Amorth começa. A partir de agora, ele passará sua vida e sua missão na linha de frente contra o mal, cara a cara com o inimigo número um em pessoa. Ele não esperava, não tinha programado: essas são as brincadeiras de Deus. Ele diz que "foi assim que fiquei conhecido como exorcista, enquanto, para dizer a verdade, sou mariólogo", acrescentando ironicamente: "Mariólogo, e não *mariuolo*,[1] como alguém me batizou! Meu assunto é mariologia, eu sou apegado a Nossa Senhora, estou agarrado ao seu manto". E assim, agarrado ao manto de Maria, Pe. Gabriele inicia uma carreira inesperada e imprevista, que durará trinta anos, ou seja, até o último de seus dias na terra.

Estuda e aprende as 21 regras do exorcismo, escritas apenas em latim e "não acessíveis a todos. Servem apenas para os exorcistas". Elas convidam a compreender os elementos básicos. Por exemplo, quais palavras são mais eficazes para colocar em dificuldade o inimigo, usando-as com mais frequência, até irritá-lo e enfraquecê-lo. Afinal, o Demônio

---

[1] Esse trocadilho é bem possível na língua italiana, pois *mariólogo* é o que se especializa em Mariologia. *Mariuolo* tem, na verdade, uma etimologia incerta: segundo alguns, deriva do antigo adjetivo francês *mariol* (astuto); segundo outros, do grego *margiólos* (astuto, ardiloso etc.); segundo ainda outros, deriva das palavras espanholas *marraio/marrullero* (vigarista/pirralho). Em dialeto napolitano, também designa um ladrão! Essa referência demonstra o bom humor do Pe. Gabriele Amorth. [N.T.]

toma suas contramedidas, na tentativa de enganar o exorcista: "Costumam responder com mentiras. Dificilmente se manifestam para o exorcista, a fim de que, já cansado, renuncie. Ou a vítima finge estar doente, e não possuída pelo Demônio".

O Maligno às vezes se esconde, para induzir o exorcista a pensar que o derrotou; em suma, ele tenta desviar a atenção de si mesmo. E, assim, explica Pe. Amorth,

> alguns possessos dizem que receberam uma maldição, sabem dizer por quem foi feita e de que maneira, segundo eles, pode ser destruída. Mas é preciso estar atentos para não se dirigir a magos ou a adivinhos ou a outros, em vez de recorrer aos ministros da Igreja. Não se deve recorrer a qualquer forma de superstição ou a outros meios ilícitos.

Do mesmo modo, nunca se deve esquecer que quem derrota o Demônio, é Deus, não o homem: o exorcista é apenas o instrumento, quem salva verdadeiramente é Deus, e só Ele. Portanto, "Jesus disse que *certos tipos de demônios são expulsos somente através da oração e do jejum*. Por isso, o exorcista, atento a essas palavras, deve esforçar-se para fazer uso desses dois remédios muito poderosos, para implorar a ajuda divina e expulsar os demônios". Os exorcismos devem, portanto, ser praticados na igreja ou em salas anexas, estritamente sem público. Em caso de doença do possuído, também pode ser feito em casa.

E a oração e o jejum entram em jogo, mas não só, como explica o padre Amorth:

> Deve-se pedir ao endemoninhado que reze em seu favor se for física e mentalmente capaz de fazê-lo, de jejuar, de fazer muitas vezes a confissão e receber a comunhão para o seu sustento, segundo o conselho do sacerdote. E enquanto

está sendo exorcizado, deve estar recolhido, deve voltar-se a Deus com fé firme para lhe pedir saúde com toda humildade. E quando for mais atormentado pelo Demônio, deve suportar com paciência, sem jamais duvidar da ajuda de Deus. O possuído deve segurar um crucifixo nas mãos, ou pelo menos à vista. Também as relíquias dos santos, quando podem ser adquiridas.

Esses são objetos a serem manuseados com o máximo cuidado, para não expô-los ao risco de contaminação demoníaca.

As regras também dão indicações precisas sobre o comportamento do exorcista: poucas palavras e perguntas diretas. "Pelo contrário, deve forçar o espírito imundo a ficar em silêncio e apenas responder às suas perguntas", não se deixando enganar por respostas falsas, como as de ser a alma de um santo ou de um falecido ou de um anjo. O diabo gosta de mentir e brincar de esconde-esconde com seus inimigos exorcistas.

Há perguntas inevitáveis, que Pe. Amorth lista: "[O exorcista] deve perguntar ao diabo: 'Qual é o teu nome? Estás sozinho ou são muitos? Quando entrastes nessa pessoa? Por que decidistes possuir essa pessoa?'". Ou seja, é preciso saber com quem você está lidando, olhá-lo na cara e chamar o Mal pelo nome, desmascarando as mentiras, forçando o Demônio a se apresentar por aquilo que é, a pronunciar seu próprio nome.

> Quanto às outras futilidades do Demônio – acrescenta Pe. Amorth –, o riso, os palavrões, os insultos, os objetos que inexplicavelmente cospe da boca do possuído, as ninharias, o exorcista deve cortá-los ou, em qualquer caso, desprezá-los. E deve advertir seus colaboradores, que devem ser poucos e preparados, a não prestar atenção a isso e não fazer perguntas aos possessos, mas antes rezar a Deus por ele, com humildade e insistência.

Ai demonstrar-se fracos com Satanás. O exorcista deve enfrentá-lo com autoridade, sem indulgências nem timidez. Armado de fé, humilde e convicto. Com a água benta sempre à mão, pronto para aspergir o possuído a qualquer momento, para neutralizar até os ataques físicos do Maligno. Repetindo "até a exaustão" as palavras que mais incomodam os demônios, em um ataque que pode durar horas e horas. Nenhum remédio ou tratamento para o possesso: isso cabe ao médico. O exorcista combate apenas com a palavra, de preferência a da Bíblia, as orações, o crucifixo, a água benta. Se for uma mulher, explica Pe. Amorth,

> deve estar sempre presente alguma pessoa de confiança, que segure firme a possuída enquanto ela for agitada pelo Demônio. Se for possível, essas pessoas sejam da família da possuída. Finalmente, o exorcista tem o cuidado de não dizer ou fazer qualquer coisa que possa ser ocasião de maus pensamentos para ele ou para ela ou para os outros.

Finalmente, o exorcista deve forçar o Demônio a

> dizer se ele entrou naquele corpo como resultado de magia ou sinais malignos ou coisas más que o possesso comeu. Nesse caso, as vomite. Se, por outro lado, serviu-se de coisas externas à pessoa, diga onde elas estão e, depois de encontrá-las, sejam queimadas. O possesso é advertido a revelar ao exorcista as tentações a que está submetido. Se então o possuído é libertado, ele é cuidadosamente advertido a tomar cuidado com o pecado para não oferecer ao Demônio a oportunidade de retornar. Nesse caso, a sua condição poderia se tornar pior do que antes da libertação.

"Vai, e não peques mais" (cf. Jo 8,11), Jesus dizia àqueles que foram curados por algum mal do corpo ou do espírito. Portanto, cabe ao exorcista pronunciar essas mesmas palavras claras e definitivas. Porque o pecado é o veículo do diabo.

Essas são as regras gerais, escritas em latim, válidas e obrigatórias para todos os exorcistas, que, narra,

> padre Cândido me pede que aprenda de cor antes de começar a exorcizar. Essas são regras fundamentais. Mesmo que depois, durante a batalha, tudo possa acontecer. E pode acontecer que o que foi aprendido seja de pouca utilidade. Ou quase nada. Nesses casos – explica Pe. Amorth –, só é preciso fazer uma coisa. Invoque a ajuda de uma pessoa especial.

É Maria, naturalmente, a mulher sem pecado, a cujo manto, a cuja *túnica*, o exorcista Gabriele Amorth permanece *agarrado* por toda a vida. "Quantas vezes Nossa Senhora veio em meu auxílio não saberia dizer. Ela está ao meu lado desde o primeiro exorcismo. E antes disso, sempre, por toda a minha vida".

Ele, além disso, foi consagrado a Nossa Senhora por Pe. Alberione, em tempos de guerra. Está revestido do *escudo protetor invisível, mas impenetrável*, que sua mãe tinha pedido para ele ao fundador dos Paulinos. E, com essa proteção, enfrenta o Demônio: cada vez que pronuncia o nome de Maria, o inimigo treme. Esse escudo é a arma a mais, a arma secreta que permite a Pe. Amorth ir *para a batalha* sem medos.

Porque se trata disto:

> Toda vez que eu faço um exorcismo, eu entro em batalha. Antes de entrar, estou usando uma couraça. Uma estola roxa, cujas abas são mais compridas do que as usadas pelos padres quando rezam a missa. Costumo enrolar a estola nos ombros do possuído. É eficaz, serve para acalmar os possuídos quando, durante um exorcismo, entram em transe, babam, gritam, adquirem força sobre-humana e atacam. Então levo comigo o livro em latim com as fórmulas de exorcismo. Um pouco

de água benta que às vezes aspirjo sobre os endemoninhados. E um crucifixo com a medalha de São Bento embutida. É uma medalha particular, muito temida por Satanás.

A tarefa do exorcista não é agradável. Não tem nada de fascinante, aventureiro, excitante. Talvez por isso os exorcistas sejam poucos. Porque se trata de combater na linha de frente, cara a cara com o inimigo. "Expulsai os demônios" (cf. Mt 10,8), disse Jesus uma vez. Talvez, de todas, seja a missão mais séria atribuída aos seus seguidores de todos os tempos. Se a pregação, as celebrações, o testemunho, a evangelização, a administração dos sacramentos são ações *preventivas*, a do exorcismo é a prática *repressiva* do mal. Trata-se de libertar a pessoa humana, de extirpar de seu próprio corpo o inimigo que fraudulentamente se apossou dela, para apoderar-se dela e distanciá-la de Deus para sempre. E sabemos que o Maligno não pretende abrir mão da sua presa, da sua conquista, da pretensiosa vitória sobre Deus. E, por isso, reage com violência, raiva e prepotência, desencadeando ataques muito fortes, aos quais é humanamente impossível resistir sem ajuda superior.

E confessa Pe. Amorth a Paolo Rodari:

> A batalha dura horas. E quase nunca termina com a libertação. Requerem-se anos para libertar uma pessoa possuída. Muitos anos. Satanás é difícil de derrotar. Muitas vezes se esconde. Está escondido. Busca não ser encontrado. O exorcista tem que encontrá-lo. Deve obrigá-lo a revelar seu nome. E então, em nome de Cristo, deve forçá-lo a sair.

O Demônio resiste por qualquer meio. A ajuda de colaboradores é necessária para imobilizar a pessoa possuída. Em silêncio, porém: se falassem, Satanás os atacaria. Só o exorcista fala. E não para buscar o diálogo: nesse caso, o diálogo é instrumento do Maligno, que é mais forte do que qualquer ser humano nas palavras. Dar ordens, em nome de Deus, ordens secas e peremptórias, que não deixam margem para dúvidas – é a única linguagem que serve.

Pe. Amorth entra em batalha várias vezes ao dia, enfrentando até mesmo de dez a doze exorcismos em 24 horas. Todos os dias, "mesmo aos domingos. Até no Natal". Padre Cândido o repreendia: "Deves tirar uns dias de folga. Nem sempre se pode exorcizar". Palavras ao vento. Ele continuará em um ritmo muito alto, sem pausas, mesmo colocando sua própria saúde em jogo. Jamais vai parar. Encontrando milhares e milhares de pessoas. A batalha será realmente uma guerra longa, estressante e exaustiva contra o inimigo do homem. Confessará que se tornou um especialista, sem, no entanto, tornar fácil ou simples enfrentar o Demônio. "As dificuldades que encontro hoje", admitirá, "são as mesmas que encontrei da primeira vez, quando, depois de meses de testes sozinho em casa, padre Cândido me disse: 'Coragem, hoje é a sua vez. Hoje você entra na batalha'".

O primeiro exorcismo. Pe. Amorth recorda suas dúvidas. Pergunta ao padre Cândido: "Tem certeza de que estou pronto?". Resposta: "Ninguém nunca está pronto para esse tipo de coisa. Mas tu estás suficientemente preparado para começar. Recorda-te. Cada batalha tem os seus riscos. Terás que enfrentá-los um por um". Viático sem apelo. Este dia ficará para sempre vivo na memória do exorcista: 21 de fevereiro de 1987, poucos meses depois de receber o mandato do cardeal Poletti. *É sua vez!* É um caso apresentado ao padre Cândido pelo frade franciscano, de origem croata, padre Massimiliano: há um camponês provavelmente possuído. Padre Cândido diz: "Não tenho tempo. Estou lhe enviando padre Amorth".

O encontro é em uma sala discreta do *Antonianum*,[2] na rua Merulana, 124, não muito longe da praça São João de Latrão. Pe. Amorth chega antecipado para o compromisso. Com alguma emoção. Fez tantos testes, preparou-se com seriedade, mas dessa vez fica sério. Nem sequer conhece bem o caso. Quem estará à frente? O que vai acontecer naquela sala? Entra padre Massimiliano. Um jovem o segue – tem 25 anos –, com uma aparência típica de camponês. E um terceiro homem, inesperado e desconhecido. "Eu sou o tradutor", ele se apresenta. Pe. Amorth fica surpreso, não pode haver outras pessoas, seria perigoso, porque Satanás poderia atacá-las. Padre Massimiliano o tranquiliza e explica que o jovem, quando entra em transe, fala em inglês, e alguém tem que traduzir para o italiano. E o tradutor está preparado para a tarefa, não cometerá erros.

Com paixão e precisão jornalística, Pe. Amorth narra em detalhes seu primeiro exorcismo a Paolo Rodari, da seguinte forma:

> Uso a estola, tenho o breviário e o crucifixo na mão. Tenho água benta por perto. Começo a recitar o exorcismo em latim.
>
> "Não recordeis, Senhor, das nossas culpas ou dos nossos pais e não nos castigueis pelos nossos pecados. Pai nosso... E não nos deixeis cair em tentação, mas livrai-nos do mal."
>
> O possuído é uma estátua de sal. Não fala. Não reage. Permanece imóvel, sentado na cadeira de madeira onde o fiz acomodar-se.

---

[2] A Pontifícia Universidade Antonianum, também conhecida como Pontifícia Universidade de Santo Antônio ou simplesmente Antonianum, é uma universidade fundada em honra de Santo Antônio de Pádua ou de Lisboa, em Roma, e pertence à Ordem dos Frades Menores (Franciscanos).

Recito o Salmo 53: "Deus, pelo vosso nome salvai-me, pelo vosso poder dai-me justiça. Deus, ouvi minha oração, ouvi as palavras da minha boca, pois os arrogantes e os prepotentes se levantaram contra mim e ameaçam minha vida, eles não colocam Deus diante deles...".

Ainda nenhuma reação. O camponês está em silêncio, o olhar fixo no chão.

"Eis que Deus é a minha ajuda, o Senhor me sustenta. Fazei o mal cair sobre meus inimigos, dispersai-os em vossa fidelidade. De todo o coração vos oferecerei um sacrifício, Senhor, louvarei o vosso nome porque é bom; de toda angústia me livrastes e o meu olho desafiou os meus inimigos. Glória ao Pai..."

"Salvai o vosso servo aqui presente, meu Deus, pois ele espera em vós. Sede para ele, Senhor, torre de fortaleza. Diante do inimigo, nada pode o inimigo contra ele. E o filho da iniquidade não pode prejudicá-lo. Enviai, Senhor, o vosso socorro do lugar santo. E de Sião enviai-lhe a defesa. Senhor, ouvi minha oração. E meu choro chegue até vós. O Senhor esteja convosco. Ele está no meio de nós."

É nesse momento que, de repente, o camponês levanta a cabeça e me encara. E, no mesmo instante, ele explode em um grito raivoso e assustador. Fica vermelho e começa a gritar ultrajes em inglês. Permanece sentado. Não chega perto de mim. Parece me temer. Mas, conjuntamente, ele quer me assustar.

"Padre, pare com isso! Cale a boca, cale a boca, cale a boca!"

E profere blasfêmias, palavrões, ameaças.

Acelero com o ritual.

"Senhor Deus que condenastes aquele tirano apóstata ao fogo da Geena e que enviastes vosso Filho Unigênito a este mundo para derrotar aquele ser que ruge: apressai-vos, acelerai a vossa vinda para arrebatar o homem que criastes à vossa imagem e semelhança, resgatando-o da ruína e do Demônio meridiano. Incuti, Senhor, o terror de vós naquela besta que extermina a vossa vinha. Dai, Senhor, aos vossos servos a confiança para poder combater de maneira muito forte contra o péssimo dragão, para que ele não despreze aqueles que esperam em vós e não possam dizer o que o faraó já disse a Moisés: Não conheço a Deus e não deixarei Israel livre para partir. Que a vossa mão poderosa obrigue-o a sair do vosso servo, para que não tenha a presunção de poder manter prisioneiro quem vos dignastes criar à vossa imagem e redimistes por meio do vosso Filho. Ele, junto convosco, em união com o Espírito Santo de Deus, vive e reina por todos os séculos dos séculos."

O possuído continua a gritar: "Cale a boca, cale a boca, cale a boca!".

E cospe no chão e em cima de mim. Ele está furioso. Parece um leão pronto para o grande salto. É evidente que sua presa sou eu.

Entendo que tenho que continuar. E eu alcanço o *Praecipio tibi* – Ordeno-te.

Lembro-me bem do que o padre Cândido me disse nas vezes em que me instruiu sobre os truques a usar: "Lembre-se sempre de que o *Praecipio tibi* é muitas vezes a oração decisiva. Lembre-se de que é a oração mais temida pelos demônios. Creio, verdadeiramente, que seja a mais eficaz. Quando as coisas ficam difíceis, quando o Demônio está furioso e parece forte e inatingível, chegue rapidamente ali, e se beneficiará disso na batalha. Verá como essa oração é eficaz. Recite-a em voz alta, com autoridade. Jogue-a sobre o possuído. Verá os efeitos dela".

"Ordeno-te, quem quer que sejas, espírito imundo, e a todos os teus comparsas presentes neste servo de Deus, a fim de que pelos mistérios da encarnação, paixão, morte, ressurreição e ascensão de nosso Senhor Jesus Cristo; pela missão do Espírito Santo; pelo retorno do próprio Senhor para o julgamento:

diz-me o teu nome, o dia e a hora de tua saída, com algum sinal; e obrigo-te a obedecer em tudo a mim, ministro de Deus, embora indigno, e a não causar mal algum a esta criatura de Deus, nem aos presentes, nem ao que lhes pertence."

O possuído continua a gritar. Agora o seu lamento é um uivo que parece vir das entranhas da terra. Insisto.

"Eu te exorcizo, espírito imundo, toda invasão do inimigo, toda legião diabólica, em nome de nosso Senhor Jesus Cristo, para arrancar-te e fugir desta criatura de Deus."

O grito se torna uivo. E fica cada vez mais forte. Parece infinito.

"Escuta bem e treme, ó Satanás, inimigo da fé, adversário dos homens, causa da morte, ladrão da vida, adversário da justiça, raiz dos males, incentivador dos vícios, sedutor dos homens, enganador dos povos, incitador da inveja, origem da avareza, causa da discórdia, causa do sofrimento."

Os olhos dele vão para trás. A cabeça balança atrás do encosto da cadeira. O grito continua altíssimo e assustador. Padre Massimiliano busca mantê-lo firme, enquanto o tradutor dá alguns passos para trás, com medo. Faço sinal para ele recuar mais. Satanás está se soltando.

"Por que ficas aí e resistes, enquanto sabes que Cristo, o Senhor, destruiu os teus desígnios? Teme aquele que foi imolado na figura de Isaac, foi vendido na pessoa de José, foi morto na figura do cordeiro, foi crucificado como homem e depois triunfou sobre o inferno. Vai embora em nome do Pai, do Filho e do Espírito Santo."

O Demônio parece não desistir. Mas seu grito agora desaparece. Agora ele olha para mim. Um pouco de baba sai de sua boca. Eu o persigo. Sei que tenho de forçá-lo a se revelar, a me dizer seu nome. Se ele me disser seu nome, é sinal de que está quase derrotado. Ao se revelar, de fato, forço-o a jogar com as cartas expostas.

"E, agora, diz-me, espírito imundo: quem és? Diz-me teu nome! Diz-me, em nome de Jesus Cristo, teu nome!"

É a primeira vez que faço um grande exorcismo e, portanto, é a primeira vez que peço a um Demônio que me revele seu nome.

A sua resposta me arrepia.

"*I'm Lucifer*", diz em voz baixa e cadenciando lentamente todas as sílabas. "Eu sou Lúcifer."

Não devo desistir. Eu não tenho que desistir agora. Não devo mostrar-me assustado. Tenho que continuar o exorcismo com autoridade. Sou eu quem conduz o jogo. Não ele.

"Eu te imponho, antiga serpente, em nome do Juiz dos vivos e dos mortos, do teu Criador, do Criador do mundo, daquele que tem o poder de te precipitar na Geena, que vás embora imediatamente, com medo, juntamente com teu exército furioso, deste servo de Deus que recorreu à Igreja. Lúcifer, eu te imponho novamente, não em virtude de minha fraqueza, mas pela força do Espírito Santo, que saias deste servo de Deus, a quem Deus todo-poderoso criou à sua imagem. Cede, portanto, cede não a mim, mas ao ministro de Cristo. Isso te é imposto pelo poder daquele que te subjugou com a sua cruz. Treme diante da força daquele que, tendo vencido os sofrimentos infernais, trouxe as almas de volta à luz."

O possuído volta a uivar. A cabeça jogada de novo para trás do encosto da cadeira. As costas curvadas. Mais de uma hora se passou. Padre Cândido sempre me disse: "Enquanto tens energia e força, vai em frente. Não se deve ceder. Um exorcismo pode durar até um dia. Cede somente quando perceberes que teu físico não aguenta".

Penso novamente em todas as palavras que o padre Cândido me disse. Eu gostaria que ele estivesse aqui ao meu lado. Mas não está. Devo fazer isso sozinho.

"Entre em ti o terror pelo corpo do homem, o medo pela imagem de Deus. Não podes resistir nem tardar em deixar esta pessoa, depois que Cristo se comprazeu em habitar em um corpo humano. E para que não me consideres digno de desprezo, já que me conheces como um grande pecador, Deus te ordenará. A majestade de Cristo te ordenará. Deus Pai te ordena. Deus Filho te ordena. Deus Espírito Santo te ordena. O mistério da cruz te ordena."

Não pensava, antes de iniciar, que isso pudesse acontecer. Mas, de repente, tenho a distinta sensação da presença demoníaca à minha frente. Sinto este Demônio olhando para mim. Ele me examina. Gira em torno de mim. O ar ficou frio. Está terrivelmente frio. O padre Cândido também me havia avisado dessas mudanças bruscas de temperatura. Mas uma coisa é ouvir sobre certas coisas. Outra coisa é experimentá-las. Eu tento me concentrar. Eu fecho meus olhos, e de memória continuo a minha súplica.

"Sai, portanto, rebelde. Sai, sedutor, cheio de toda fraude e falsidade, inimigo da virtude, perseguidor dos inocentes. Deixa o lugar a Cristo, em quem não há nada de tuas obras: ele despojou-te, destruiu o teu reino, acorrentou-te e venceu-te e destruiu teus enganos; lançou-te em trevas profundas, onde o fim está reservado para ti e teus seguidores. Por que tu resistes com ousadia? Por que tu te atreves a recusar? És réu contra Deus todo-poderoso, cujas ordens tu transgrediste. És culpado para com seu Filho, nosso Senhor Jesus Cristo, a quem ousaste tentar e presumiste crucificar. És culpado para com a humanidade, à qual serviste o veneno mortal, convencendo-a ao mal."

É nesse momento que ocorre um fato inesperado. Um fato que jamais se repetirá ao longo de minha longa carreira como exorcista.

O possuído torna-se um pedaço de madeira. Pernas estendidas para a frente. A cabeça esticada para trás.

E começa a levitar.

Eleva-se horizontalmente meio metro acima do encosto da cadeira. Permanece ali, imóvel, por vários minutos, suspenso no ar. Padre Massimiliano dá um passo para trás. Eu fico no meu lugar. O crucifixo bem seguro na mão direita. O ritual na outra. Lembro-me da estola. Eu a pego e deixo uma aba tocar o corpo do possuído. Ele ainda está imóvel. Rígido. Calado. Tento dar outro golpe.

"Vai embora deste homem. É difícil para ti resistir. É difícil para ti relutar contra o aguilhão. Porque quanto mais demoras em partir, tanto mais aumenta teu suplício eterno, porque não desprezas os homens, mas Aquele que domina os vivos e os mortos; Aquele que virá julgar os vivos e os mortos e os tempos por meio do fogo. Sai, ímpio. Sai, vilão. Sai com toda a tua fraude. Porque Deus quer que o homem seja seu templo. Por que, então, tu te obstinas em ficar aqui? Dá glória a Deus Pai Onipotente, diante de quem todo joelho se dobra. Deixa lugar a nosso Senhor Jesus Cristo, que derramou seu santíssimo sangue pela salvação do homem. Deixa entrar o Espírito Santo, que por meio de seu abençoado apóstolo Pedro abateu-te claramente na pessoa de Simão, o Mago; que condenou tua mentira nos cônjuges Ananias e Safira; que te matou na pessoa do rei Herodes, que se recusou a honrar a Deus. Ele te lançou na perdição por meio de seu apóstolo Paulo, tornando o mago Elimas cego; pelo mesmo apóstolo, ele te forçou a sair da Pitonisa, ordenando-te com a sua palavra. Então vai agora, vai, enganador. A tua sede é o deserto; a tua morada é a serpente, humilha-te e inclina-te. Não tens mais tempo para esperar. De fato, o Senhor dominador logo se aproxima: diante dele o fogo queima, o precede e queima ao redor seus inimigos. Enquanto podes enganar o homem, não podes zombar de Deus. Ele, a cujos olhos nada está escondido, te joga fora. Ele, a quem todas as coisas estão sujeitas, te expulsa. Ele, que preparou o fogo eterno para ti e teus anjos, te exclui. De sua boca sai uma espada afiada: ele que virá para julgar os vivos e os mortos, e os tempos por meio do fogo. Amém."

Um barulho de queda dá as boas-vindas ao meu "Amém". O possuído cai na cadeira, falando palavras que eu me esforço para entender.

Então diz em inglês: "Sairei no dia 21 de junho, às 15h. Sairei no dia 21 de junho, às 15h".

Então olha para mim. Agora seus olhos nada mais são do que os olhos de um pobre camponês. Eles estão cheios de lágrimas. Eu entendo que ele caiu em si. Eu o abraço. E digo a ele: "Vai acabar logo".

Decido repetir o exorcismo toda semana. A mesma cena se repete todas as vezes. Na semana de 21 de junho, deixei-o livre. Não quero interferir no dia em que Lúcifer disse que sairia. Sei que não devo confiar. Mas às vezes o diabo é incapaz de mentir.

Na semana seguinte à de 21 de junho, eu o convoco novamente. Chega, como sempre, acompanhado pelo padre Massimiliano e pelo tradutor. Parece sereno. Eu começo a exorcizá-lo. Nenhuma reação. Permanece calmo, lúcido, tranquilo. Eu aspirjo um pouco de água benta nele. Nenhuma reação. Peço-lhe que recite comigo a Ave-Maria. Ele a recita toda sem entrar em fúria. Peço-lhe que me conte o que aconteceu no dia em que Lúcifer disse que iria embora dele.

Disse-me: "Como todos os dias, fui trabalhar sozinho no campo. No início da tarde, resolvi dar uma volta com o trator. Às 15h, senti vontade de gritar muito alto. Acho que dei um grito terrível. No final do grito, me senti livre. Não sei como explicar. Estava livre".

Um caso semelhante nunca vai acontecer comigo novamente. Nunca mais terei tanta sorte, libertando uma pessoa possuída em tão poucas sessões, em apenas quatro meses; um milagre. Os exorcismos subsequentes durarão anos. Não sei por que meu primeiro exorcismo foi tão tranquilo. Terrível, mas fácil. Não sei por que foi o único caso em que testemunhei levitação. Eu realmente não sei o que Deus queria me dizer.

Talvez ele quisesse que eu experimentasse toda a maldade de Satanás, mas também quisesse me dar coragem. Fazer-me ver que posso posso ser exorcista. Conversei longamente com o padre Cândido, que, por outro lado, me deu uma versão completamente diferente.

# XI
## "NUNCA TIVE MEDO"

"Erras ao fazer-te tantas perguntas." Pe. Amorth gostaria de entender por que o primeiro exorcismo fora um sucesso tão rápido, o que Deus queria dizer-lhe. A resposta de padre Cândido tira-lhe o entusiasmo:

> Não é Deus que estava falando com você, mas Satanás. Nunca se pergunte se existe Deus por trás de um exorcismo. Claro, Deus derrota Satanás. É ele quem vence graças ao exorcismo. Mas não se pergunte coisas que ninguém pode responder. Não seja culpado de orgulho. Faça o que tem de fazer e não faça muitas perguntas. Você não sabe? Nós não passamos de servos inúteis.

Lição de humildade recebida e aceita. Nem uma pergunta a mais, é proibido deixar subir à cabeça, quem vence Satanás é Deus, certamente não o homem.

Além da água benta, da longa estola roxa, da medalha de São Bento, padre Cândido pede a Pe. Amorth que traga sempre um óleo especial nos exorcismos:

> Você consegue misturando o óleo dos catecúmenos, que é usado no batismo, e o óleo dos enfermos, que é usado para o sacramento da unção dos enfermos. Sempre assinale o possuído na testa, nos sentidos, olhos, ouvidos, narinas, boca e garganta. Em seguida, faça a oração ritual. Se puder, aprenda de cor, para não ter que ficar o tempo todo com o livro na mão.

E muitos outros conselhos valiosos vêm daquele exorcista que já viu e ouviu de todos os tipos, em tantos anos de luta contra Satanás.

> Fique bem perto do possuído. Mantenha a mão na cabeça dele, se puder. Faça os sinais da cruz nele com frequência. Lembre-se. A oração de libertação que me foi ensinada por uma freira, irmã Ermínia Brunetti, Filha de São Paulo, que morreu em odor de santidade, é muito eficaz. Diz: "Espírito do Senhor, Espírito de Deus, Pai, Filho, Espírito Santo, Santíssima Trindade, Virgem Imaculada, anjos, arcanjos, santos do céu, desce, sobre esta pessoa; encontra-a, Senhor, molda-a, enche-a de ti, usa-a, afasta dela todas as forças do mal, aniquila-as, destrói-as, para que fique bem, faça o bem, afugente o mal, a feitiçaria, a magia negra, missas negras, feitiços, amarrações, maldições, maus-olhados, a infestação diabólica, a possessão diabólica, a obsessão diabólica, tudo o que é mau, pecado, inveja, ciúme, perfídia, doença física, psíquica, moral, espiritual, diabólica; queima todos esses males no inferno, para que nunca mais toquem nela e em nenhuma outra criatura do mundo. Ordeno e determino, com o poder de Deus todo-poderoso, em nome de Jesus Cristo salvador, por intercessão da Virgem Imaculada, com o poder que tenho da Igreja, embora indigno, a todos os espíritos imundos, a todas as presenças que a molestem, que a deixem imediatamente, definitivamente, e vão para o inferno eterno acorrentados por São Miguel Arcanjo, por São Gabriel, por São Rafael, por nossos anjos da guarda, esmagados sob o calcanhar da Santíssima Virgem Imaculada. Amém". Verá como vão reagir os condenados – assegura padre Cândido – ao ouvir essa oração! Eles vão reagir descontroladamente.

E acrescenta:

> Não se assuste se, no início do exorcismo, os possuídos tiverem reações estranhas. Não devem impressioná-lo os soluços, os movimentos raivosos, as cuspidas. Deixe-os jogar-se no chão,

deixe-os rastejar como cobras. Se puder, obtenha ajuda de colaboradores para mantê-los parados. Uma vez que o exorcismo começou, interrogue o Demônio. O interrogatório é importante. Você nunca tem que fazer perguntas triviais. Mas apenas perguntas úteis para a libertação. Primeira pergunta: "Qual é o teu nome?". O Demônio faz de tudo para se esconder. Para ele revelar o próprio nome é um grande esforço, porque deve descobrir-se. Mas deve dizer-lhe por que não pode resistir à força dos exorcismos. "Quando entraste? Como entraste? Quais eram tuas finalidades com essa pessoa? Quando sairás?". Essas são as perguntas principais. Se o diabo não responder, repita essas perguntas até que ele responda. Lembre-se de que o diabo mente. As suas respostas devem sempre ser controladas. Uma vez tive um caso muito difícil, uma garota que não conseguia libertar. Pergunto ao Demônio: "Quando sairás?". Ele responde: "8 de dezembro". Uma data significativa, é a festa da Imaculada Conceição. O dia 8 de dezembro chega. Eu a chamo, faço um longo exorcismo nela, mas ela não se liberta. Depois de cinco horas e meia de exorcismo, ela parece livre. Pula de alegria. Lágrimas de emoção. Livre. Depois de uma semana, é como antes. Eu pergunto ao Demônio: "Por que tu não foste embora? Disseste que irias embora no dia 8 de dezembro, por que não foste embora?". E ele, com voz desdenhosa: "Nunca te disseram que sou mentiroso? Eles não te ensinaram que eu conto mentiras?". Por que o Senhor permite certas coisas? É difícil, se não impossível, responder. Nós olhamos muito para esta terra. Deus olha muito para a vida eterna. E, portanto, é provável que ele permita que as possessões obtenham para as almas uma vantagem válida para a eternidade.

**As armadilhas de Satanás.** Padre Cândido avisa o novo exorcista das armadilhas de um inimigo terrível e poderoso, astuto e sem escrúpulos. Trata-se de uma batalha extraordinária, que não pode ser encarada com leveza ou superficialidade, nem com a presunção de vencê-la sem esforço.

Ai, se presumir muito das próprias forças!

> Não pense que é fácil – adverte o padre Cândido – libertar alguém que foi possuído. Os tempos são sempre muito longos. Está lutando contra o mal absoluto, o mal cego. Não pode ser um passeio. O Maligno é um puro espírito. É uma força que entra no corpo. Mas às vezes pode ser simplesmente um espírito agindo sobre uma pessoa sem possuí-la. Tenha cuidado para não acreditar que todos estão possuídos. Muitos simplesmente têm uma influência negativa, talvez causada por uma maldição, mas não estão possuídos. Padre Pio de Pietrelcina, por exemplo, sofria ataques do diabo todos os dias, com raras exceções. Ele foi espancado, jogado no chão. Era assédio, ele não estava possuído. E assim foi com o Cura d'Ars, João Maria Vianney. Assédio muito sério. Mas não possessão.
>
> Outras pessoas sofrem danos à própria casa: rangidos, estrondos, luzes que acendem e apagam à vontade, que estouram. Aconteceu a um engenheiro, em cuja casa explodiam de trinta a quarenta lâmpadas por mês. Fenômenos que são curados com exorcismos. Mas não há possessão. Provavelmente nessas casas, no passado, viveu um mago que realizou sessões espíritas ou alguém que realizou ritos satânicos. Ou no terreno onde a casa foi construída, no passado, havia um cemitério. Repito, não são possessões, mas ainda assim são casos difíceis. Você pode fazer exorcismos se quiser, mas lembre-se de que não tem diante de você o Demônio em pessoa. De fato, os exorcismos são realizados em pessoas possuídas, mas também sobres as coisas, ou seja, casas, objetos, animais.

Pareceria uma luta desigual, e humanamente é. Nenhum homem, sozinho, poderia caçar e derrotar o Demônio. Tal e tanta é a sua força que nem mesmo um exército poderia derrubá-lo. O exorcista é um instrumento nas mãos de Deus, age em nome de Deus, combate o bom combate de Deus, sozinho nada pode fazer contra o inimigo com mil armas e com demasiadas invenções diabólicas.

Muitas vezes Satanás – ainda é o padre Cândido quem guia os primeiros passos de Pe. Amorth – não está sozinho no corpo das pessoas que possui. Às vezes há tantos demônios. Jesus fala muitas vezes das legiões. Uma vez exorcizei uma freira. Uma possessão tremenda. Ela vomitava de tudo. "Quantos vocês são?", perguntei. "Legiões, legiões, legiões", responderam. Enquanto eu a exorcizava, ela estava constantemente se contorcendo. E ela pulava de parede em parede como uma macaca. Impossível mantê-la parada.

Padre Cândido também adverte contra os disfarces de Satanás, que, não possuindo um corpo humano, assume a aparência de pessoas diferentes, dependendo de quem está diante dele. "Ao Padre Pio", explica, "o Demônio se apresentava na forma de Jesus, às vezes de Maria, às vezes do superior, às vezes do confessor".

É necessário ter um método, ainda que sempre o adaptando ao caso concreto, ao homem ou mulher possuídos ou presumivelmente tais. O ponto fraco do diabo deve ser descoberto e atacado:

> Pode haver um exorcista que, se nomeia Padre Pio, provoca uma reação violenta no possuído, e outro exorcista que, ao contrário, se o nomeia, não consegue provocar nenhum efeito. Deve encontrar sozinho o caminho. Será o seu caminho. Lembre-se sempre de São Leopoldo Mandic. Ele morava em Pádua. O dia todo ficava fechado no confessionário. Muitas vezes os exorcistas o chamavam para ajudar. Ele chegava, assistia ao exorcismo em silêncio e, no final, intervinha dizendo: "Vamos, vá embora. Vá embora". E o Demônio, como por encantamento, desaparecia. Essa era a sua medida. Também você deve encontrar a sua – explica padre Cândido a padre Amorth.

Com o Demônio, pois, não se discute, não há debates ou negociações. É o inimigo, não qualquer adversário humano.

Deve ser combatido, deve ser expulso, deve ser derrotado. Então, insiste padre Cândido, "é ele quem deve responder às suas perguntas, e não você às dele. Quem participa de um exorcismo não deve falar com o Demônio. Só os exorcistas podem fazê-lo, porque são os únicos a serem protegidos".

Deve contar-se também com o medo, é inútil escondê-lo: Satanás possui muitos modos de assustar seus inimigos, não se pode sentir-se seguro. Padre Cândido sabe bem disso e adverte o discípulo:

> O Demônio o ameaçará. Muitas vezes, causa ruídos no meu quarto à noite. Não tema. Se você está com Deus, é ele que tem medo de você. O exorcismo é um combate. É difícil. Há muita tensão. Você deve pôr em campo muita força interior. A força deve vir de dentro. Você tem que agir com o espírito mais do que com o físico. Concentre-se. Reze. É preciso fé, porque Deus recompensa a fé. Você se recorda do Evangelho? "Vai, a tua fé te curou". Não pense que Deus ou Nossa Senhora estão falando com você. Eles lhe sugerem o que fazer. Pense antes que eles estão com você. E que, com você, também está uma pessoa que nunca o deixará, o seu anjo da guarda.

Padre Gabriele Amorth deve muito ao padre Cândido, e ele sabe disso, reconhece-o e dá um testemunho sincero disso. Ele nunca tinha sido um exorcista, nem jamais imaginara fazer isso em sua vida, até o chamado do cardeal Poletti. Aprendeu tudo com o padre Cândido, e admite: "Ele foi meu professor". Ele guiou seus primeiros passos em um caminho novo e acidentado, cheio de armadilhas e obstáculos desconhecidos e assustadores. Ele lhe deu as ferramentas físicas e espirituais para enfrentar o inimigo. Ele o encorajou e apoiou em seus primórdios.

E, precisamente em relação ao temor de Satanás, Pe. Amorth confessa a Elisabetta Fezzi:

Nunca tive medo, nem mesmo no começo! Nunca! Sempre digo que é o Demônio que tem medo de mim; eu disse várias vezes na televisão: "Quando o Demônio me vê, ele fica assustado!". No começo eu estava com o padre Cândido, então meus ombros estavam bem cobertos; depois fiz o pacto de ferro com Nossa Senhora! E muitas vezes o Demônio disse: "Não podemos fazer nada a ti, porque és muito protegido". Tenho meu anjo da guarda, tenho São Gabriel, que é meu patrono; e tenho o manto da Mãe de Deus! Sinto-me um paxá, sempre me senti seguro! Tenho muita ajuda lá de cima, mas os que acabei de citar são os fundamentais. Envolto no manto de Maria, não tenho nenhum temor. Nunca tive problemas, enquanto o padre Cândido tinha. Padre Cândido era passionista e trabalhava na *Scala Santa*; uma vez ele estava fora de Roma, um de seus confrades chegou de repente e o colocaram para dormir em seu quarto. No dia seguinte, o padre Cândido voltou e o coirmão lhe perguntou: "Como consegues dormir neste quarto? Ruídos contínuos, ruídos contínuos...". Ele respondeu: "Não me importo". Então, ele se levantava todas as noites e ia à capela para uma hora de adoração. Padre Cândido foi um homem de grande oração! Soube, por aqueles que o ajudaram de perto, que teve ataques do Demônio nos últimos momentos em seu leito de morte: se enrijicia, ficava sério e duro...

Assim, Pe. Amorth se aventura em sua batalha contra Satanás. Aprendeu o básico do exorcismo, a experiência lhe dará gradualmente as ferramentas para refinar seu apostolado na linha de frente. Explicará que há seis etapas a serem alcançadas e superadas cada vez que um exorcismo é enfrentado. A primeira é sentir a presença demoníaca. O diabo não pode ser visto, mas ele está lá. Ele atua. Por isso, "é preciso manter a calma e ter muita fé. Portanto, encontrar dentro de si as energias certas para reagir, para contra-atacar, para deixar claro a essa presença quem manda, quem comanda os jogos". O segundo passo é trazê-lo à tona, obrigando-o a se apresentar com seu nome: "O nome é importante", explica Pe. Amorth, "porque diz muito sobre quem seja o diabo na sua frente. Por exemplo, se um diabo tem um nome bíblico – Satanás, Asmodeu, Belzebu, Baal, Lúcifer ou outro –, ele é mais poderoso. No inferno, há uma hierarquia. Os diabos também são mais importantes, dependendo do nome que levam". O Demônio se esconde, quer enganar o exorcista, fala com a voz do possuído, fica calmo, e "superar a ficção, obrigar o diabo a falar, é um feito de semanas inteiras, às vezes meses. Se o exorcista não consegue fazer o diabo se revelar, ele está perdido", e é melhor que ele se afaste.

A terceira etapa é o chamado ponto de ruptura. Ou seja, quando, apresentando-se com o seu nome, não tem mais motivos para se esconder e, portanto, se mostra, em toda a sua força e violência, um rio cheio de gritos, palavrões, insultos: "É como se, de repente, todo o ódio presente no mundo se revelasse no corpo do possuído", segundo Pe. Amorth. Sua voz se transforma, assumindo tons desumanos: é a etapa número quatro. "É neste momento que o exorcista deve impor sua autoridade. É neste momento que deve tomar a iniciativa e impor silêncio ao diabo. Em nome de Jesus e com a autoridade conferida por Ele e pela sua Igreja, o exorcista deve silenciar o diabo e conduzir os jogos da batalha".

Quinta fase: o confronto. É o momento mais terrível. O exorcista deve atacar duramente. Perseguir o inimigo, agredi-lo com perguntas: "Quando irás embora? Por que entraste? Quem és, exatamente? O que queres? Por que estás fazendo o mal a essa pessoa?". E, a cada resposta, sua resistência enfraquecerá, até o ponto de não retornar, no momento da expulsão, da vitória do exorcista, da libertação do possuído. Às vezes, é uma jornada muito longa – como vimos –, já que o diabo resiste o máximo possível, ele não quer deixar o corpo que conquistou e subjugou.

> Por que o diabo não quer sair? É muito simples – diz Pe. Amorth –, porque ele não sabe para onde ir. Basta recordar o Evangelho: "Para onde devemos ir?", os espíritos imundos perguntam a Jesus. "Nós também devemos ter uma habitação." O corpo do possesso é como uma casa que o espírito imundo encontrou. Uma casa que não quer deixar. Mas ele deve abandonar essa casa mais cedo ou mais tarde, mesmo que apenas no dia em que o possuído morrer. A tentativa do exorcista é expulsá-lo antes que a pessoa possuída morra. É por isso que, percebendo que ele deve partir em breve, o ataque do diabo contra o exorcista é feroz. Um cheiro nauseante é frequentemente sentido na sala de exorcismo. Uma sensação de angústia infinita permeia tudo e todos. É como se a pura essência do mal estivesse ali. O mal e tudo o que de anti-humano existe estão lá. Dois mundos se enfrentam, o mundo do bem e o mundo do mal. Dois mundos que correspondem a duas possibilidades. Se o exorcista se mantém firme e se apega a Cristo, atinge seu último objetivo, o sexto, a expulsão. De repente, a presença maligna desaparece. Não está mais. A paz reina. O possuído muitas vezes não se lembra de nada. Ele se sente livre e feliz.

Pe. Gabriele Amorth, exorcista *por acaso* – mas o acaso para os que creem são os inescrutáveis desígnios de Deus, sua vontade de antes que o mundo existisse, sua imaginação inesgotável –, lutará por trinta anos contra o Demônio, tempo muito longo para uma batalha fisicamente e espiritualmente tão cansativa. Nunca recuará diante do inimigo, apesar dos esforços, das decepções, das derrotas. O Demônio e suas fileiras – *legiões, legiões, legiões* – encontraram um inimigo irredutível e imbatível. Uma luta pelo bem, que só terminou com o fim da vida terrena do protagonista, o qual confessará que lutou inúmeras vezes contra o diabo, "às vezes era Satanás. Às vezes ele era um súdito mais ou menos importante. Às vezes eram vários de seus súditos. Há muitos exorcismos que posso narrar. Lembro-me de muitos com detalhes". Como podemos esquecer a luta com o diabo, com o inimigo de Deus e do homem? Pe. Amorth libertou muitos irmãos e irmãs do poder do Maligno. Combateu uma batalha que outros não quiseram enfrentar. Por preguiça, má-fé, medo. Por pouca fé.

# XII
# SUA EMINÊNCIA NÃO ACREDITA EM SATANÁS

É uma descida aos círculos do inferno, cara a cara com os demônios. Luta aparentemente desigual. A organização é urgente. Os (poucos) exorcistas têm de se reunir, formar equipes, se encontrar, se conhecer, trocar experiências, incentivar uns aos outros. Contra as legiões de demônios, organize-se pelo menos um pequeno exército de homens dedicados à batalha. Assim pensa Pe. Amorth e, apenas cinco anos depois de ter recebido o cargo do cardeal Poletti, portanto em 1991, funda com alguns outros a Associação Nacional de Exorcistas, que em 1994 também se abre ao mundo inteiro, tornando-se a Associação Internacional de Exorcistas (AIE). É a única realidade desse tipo reconhecida pela Igreja, com a aprovação da Congregação Vaticana para o Clero, em 2014. Pe. Amorth é seu instigador, será sua alma, presidindo-a até 2000 e, posteriormente, tornando-se seu presidente honorário até a morte.

Um censo de 2019 informa que os exorcistas da AIE são 404 no mundo, além de 124 auxiliares, ou seja, colaboradores com vários títulos. Desses, 240 estão na Itália: o número máximo, que, no entanto, dividido por 225 dioceses, significa uma média de um por diocese, mais 62 auxiliares. A Polônia ocupa o segundo lugar, com 120 exorcistas, que não são inscritos, porém, na Associação. Depois, o Reino Unido, com 28 (e 4 auxiliares); a Espanha (15 mais 9);

a República Tcheca-Eslováquia (9 mais 1). No mundo, os Estados Unidos têm apenas 21 exorcistas, e o México 15. Existem, espalhados aqui e ali, outros que não pertencem à AIE, mas os números são quase insignificantes. Poucos, dramaticamente poucos. Dioceses e bispos, em muitos casos, nem sequer se colocam o problema. No entanto, fenômenos perturbadores de ocultismo e satanismo se multiplicam, seitas misteriosas, magos e curandeiros de todos os tipos, gurus e charlatães perigosos. A *web* amplifica dramaticamente a disseminação de mensagens potencialmente devastadoras.

Pe. Amorth consegue levar o tema do exorcismo à atenção da Igreja, sensibilizar bispos e cardeais, convencendo-os a nomear exorcistas, mas não tantos quantos seriam necessários. Muitas reservas, muitas resistências, muita timidez. O Demônio convence muitos de que ele não existe. E é conveniente pensar assim. No tempo secularizado e descristianizado, trazer à tona Satanás e os seus seguidores atrairia pelo menos a acusação de obscurantismo medieval.

No livro escrito com Paolo Rodari, Pe. Amorth relata um diálogo chocante com um cardeal, iluminando um pensamento e uma mentalidade infelizmente difundidos, dentro e fora da Igreja. Deve ser lido na íntegra. Ei-lo aqui.

> "Bom dia, Eminência, sou o padre Gabriele Amorth. Eu sou um padre paulino. Moro em Roma. Também sou o exorcista oficial da..."
>
> "Eu sei quem o senhor é. Já ouvi falar do senhor. Conte-me. O que o senhor quer?"
>
> "Eu preciso encontrá-lo."
>
> "Por que motivo?"
>
> "Bem, veja, eu juntei uma associação de exorcistas.

Encontramo-nos em Roma para discutir e ajudar uns aos outros. Sabe, somos tão poucos no mundo."

"Escute. Eu não tenho tempo agora. Se quiser, pode vir à minha casa amanhã. Então me diz o que quer. Cumprimentos."

O cardeal encerra a ligação abruptamente. Ou pelo menos me parece assim. Algo me diz que não lhe sou simpático. Tenho a intuição do motivo. Mas quero encontrá-lo assim mesmo.

No dia seguinte, faço-me anunciar em sua casa na hora marcada.

Um pequeno padre obsequioso entra em uma sala no final de um corredor. Ele sai alguns momentos depois sem olhar para mim. Ele vem em minha direção. Entra em outra sala sem me dizer nada.

"Avante!", grita uma voz rouca, que intuo vinda da sala no final do corredor.

Entro.

Sua Eminência está sentado em uma poltrona. Na frente dele, há uma televisão ligada. Controle remoto na mão. Ele sinaliza para que eu me sente em uma poltrona ao lado da TV. Então, assim que me sento, ele desliga a TV.

"O senhor queria ver-me. Então aqui estou. Diga-me."

"Eis, Eminência. Queria informá-lo de que, como exorcista da diocese de Roma, pensei em convocar uma pequena reunião de exorcistas. Somos poucos no mundo e muito poucos na Itália. Pensei que nos vermos nos ajudaria. É um trabalho difícil. Então só vim aqui para informar sobre essa iniciativa."

"Mas deve informar Ruini [vigário de Roma, *ndr*], não a mim. Eu dirijo um dicastério do Vaticano, que, no papel, pode ter competência na matéria, mas apenas no papel. Quem deve ser informado é Ruini."

"Eminência, Ruini já está informado. Escrevi para ele pessoalmente. Parecia-me boa coisa avisá-lo também..."

"Sim, sim, pelo amor de Deus. Fez bem. Mas tanto essa história do diabo..."

"Como, desculpe?"

"Estou dizendo... O senhor é um exorcista, mas nós dois sabemos que Satanás não existe, certo?"

"O que o senhor quer dizer com 'sabemos que não existe'?"

"Padre Amorth. Por favor. O senhor sabe melhor do que eu que é tudo superstição. O senhor não vai me fazer acreditar que realmente acredita nisso?"

"Vossa Eminência, me surpreende ouvir essas palavras de uma personalidade tão importante como o senhor."

"Isso o surpreende? Mas como? Não me diga que o senhor realmente acredita nisso!"

"Eu acredito que Satanás exista."

"Sério? Eu não. E espero que ninguém acredite. Espalhar certos medos não é uma coisa boa..."

"Bem, Eminência, o senhor não precisa me dizer. Na verdade, se eu puder, sugiro uma coisa."

"Diga-me, por favor."

"O senhor deveria ler um livro que talvez possa ajudá-lo."

"Ah, sim? Que livro, padre Amorth?"

"O senhor deveria ler o Evangelho."

Um silêncio glacial cai na sala. O cardeal me olha sério sem responder. Então eu o pressiono.

"Eminência, é o Evangelho que fala do Demônio. É o Evangelho que fala de Jesus expulsando demônios. Não só isso, é o Evangelho que diz que, entre os poderes que Jesus deu aos apóstolos, está o de expulsar demônios. O que quer fazer, jogar o Evangelho ao mar?"

"Não, mas eu..."

"Eminência, quero ser franco com o senhor. A Igreja comete um pecado grave em não falar mais do Demônio. As consequências dessa atitude são muito graves. Cristo veio e travou sua batalha. Contra quem? Contra Satanás. E Ele venceu. Mas ele ainda está livre para tentar o mundo. Hoje. Agora. E o senhor, o que faz? Diz-me que são apenas superstições? Então, o Evangelho também é apenas superstição? Mas como a Igreja pode explicar o mal sem falar do Demônio?"

"Padre Amorth, Jesus expulsa demônios, é verdade. Mas é apenas um modo de dizer para destacar o poder de Cristo! O Evangelho é uma expressão contínua de parábolas. São todas parábolas. Jesus sempre ensinou em parábolas."

"Mas, Eminência, quando Jesus quer usar uma parábola, Ele diz isso claramente. O Evangelho diz: 'Jesus contou-lhes esta parábola'. Enquanto o Evangelho distingue claramente os acontecimentos históricos que realmente aconteceram, as curas, os ensinos, as censuras, os exorcismos, distinguindo esses últimos das curas. Quando Jesus expulsa demônios, não é uma parábola, mas uma realidade. Ele não lutou com um fantasma, mas com uma realidade, caso contrário teria sido uma farsa. Tantos santos lutaram com o Demônio, tantos santos foram tentados pelo Demônio; pense, por exemplo, nas experiências dos Padres do deserto, muitos santos realizaram exorcismos. Então seriam todos falsos, todos neuróticos? Como se faz para não acreditar na existência de Satanás?"

"Tudo bem, mas mesmo supondo que fossem fatos, mesmo supondo que Jesus realmente tenha expulsado os demônios, o fato é que Jesus, com sua ressurreição, conquistou tudo e, portanto, também venceu o Demônio."

"Sim, isso mesmo, Ele venceu tudo. Mas essa vitória se deve aplicar e deve ser encarnada na vida de cada um de nós.

Cristo venceu, mas sua vitória por nós deve ser reafirmada dia após dia. A nossa condição de homens nos impõe. A ação do Demônio não foi completamente anulada. O Demônio não foi destruído. O Evangelho diz que o Demônio existe e que ele tentou até Cristo. Jesus deu suas armas, ele as deu a nós também, para vencê-lo. O Demônio ainda pode nos tentar, todos nós podemos ser tentados, como mostra a oração contra o Maligno que o próprio Jesus nos ensinou, o Pai-nosso. Até o Vaticano II, no final da missa, era rezada a oração a São Miguel Arcanjo, o pequeno exorcismo composto pelo papa Leão XIII, e o Prólogo do Evangelho de São João era lido precisamente em chave libertadora."

Sua Eminência não sabe mais o que dizer. Não fala e não reage. Levanto-me, saúdo-o e vou embora. E penso: até onde chegamos? E sim, até antes da Idade Média, exorcistas existiam em todos os lugares. Depois, infelizmente, algo mudou.

Sim, muita coisa mudou na vida dos homens, na cultura e, finalmente, na fé. Assim, no segundo milênio e nas primeiras décadas do terceiro, "Satanás parece não existir mais. Mas não é assim. Existe e como. E não acreditar em Satanás é um fato gravíssimo e tem consequências terríveis. É um pecado pelo qual, infelizmente, muitos homens da Igreja são responsáveis", admite o padre Amorth. "A vitória de Satanás é convencer o mundo de sua inexistência."

Padre Amorth, pensando nisso, trava dupla batalha por trinta anos: contra Satanás e contra aqueles que não acreditam em sua existência. Ele reflete:

A partir do século XVIII, toda existência do Demônio é negada. De quem é a culpa? Certamente da cultura secular, do ateísmo pregado às massas, do racionalismo do mundo científico e cultural. A consequência está nessa perda de fé que ainda estamos experimentando e, ao mesmo tempo, no crescimento de toda forma de superstição e na expansão de todo tipo de ocultismo.

Que o mundo rejeite Satanás e, com ele, o próprio conceito de mal, a ideia de pecado, a perspectiva de inferno, é quase natural. Mas que o faça a Igreja católica, não. Porque ela se baseia no Evangelho, e Satanás está lá, de fato, desde o início da missão de Jesus, desde o deserto das tentações. Como pode a Igreja – como podem os bispos e padres – fingir que nada aconteceu? Significa trair o Evangelho. Pe. Amorth combate essa mentalidade com exorcismos, mas também com a pregação, a publicação de livros, as participações na televisão e no rádio, artigos em jornais. Mas como penetrar na armadura do politicamente correto, das certezas rochosas do pensamento fraco, e muito fraco, que se apossou de tanta cultura, informação, costumes em nosso tempo, quando dúvidas, medos, reticências, deserções surgem de suas próprias trincheiras?

Assim, nos últimos três séculos, os exorcistas praticamente desaparecem, ou pelo menos são reduzidos a números intoleravelmente baixos. E Satanás triunfa. A Igreja sofre a influência devastadora das "coisas novas": querendo adaptar sua mensagem eterna aos tempos, arrisca-se a empobrecê-la, esvaziá-la, traí-la. Pe. Amorth luta contra essa mentalidade, quase na solidão. Não tem medo de denunciar:

> Durante décadas nos seminários e universidades eclesiásticas não se estudou mais aquela parte da teologia dogmática que, falando de Deus Criador, fala dos anjos, de sua provação, da rebelião dos demônios; então, nos estudos, os demônios não existem mais. Não se estuda mais (ou quase) a teologia espiritual, que trata da ação ordinária do Demônio, da tentação, e da sua ação extraordinária, da possessão e dos malefícios; portanto, também trata dos remédios, entre os

quais os exorcismos. Consequentemente, os exorcismos não são mais acreditados, confirmados nessa incredulidade pelo fato de nunca tê-los feito e nunca tê-los visto. A parte que diz respeito a certos pecados contra o primeiro mandamento não é mais estudada na teologia moral: magia, necromancia, espiritismo, ou seja, as formas de superstição mais condenadas pela Bíblia e mais difundidas hoje. Por isso, não se instruiu o povo de Deus, que, quando se aproxima dos sacerdotes sobre esses assuntos, quase sempre se depara com um muro de ignorância e incompreensão.

Bastaria ler o Evangelho. Bastariam escritos de santos e místicos. Preferem-se outras palavras, outras histórias: transmite-se uma fé muito concreta, centrada nos temas mais urgentes da vida, descuidando-se completamente, porém, de "conhecer a outra parte do céu, a negra, aquela que arrasta para a condenação eterna", segundo Pe. Amorth. Acrescente-se a mentalidade corrente que quer anular os conceitos de bem e de mal, a ideia de sofrimento e de morte, e eis uma Igreja desarmada diante dos ataques do Maligno. Alguém se pergunta como Auschwitz, isto é, o inferno na terra, foi possível. E nada se faz para compreender a razão profunda: a existência de um mal que deriva da rejeição de Deus, que é o pecado original de Satanás.

À ignorância se somam, para Pe. Amorth, "os erros doutrinários de muitos teólogos e biblistas, que chegam a negar os exorcismos do Evangelho, considerando-os *linguagem cultural, adaptação à mentalidade da época*", provocando ainda mais danos aos que acreditam. Assim, "a incredulidade acerca da existência de Satanás é generalizada e não permite que as pessoas se defendam do inimigo, se salvem de suas garras infernais".

No entanto, como vimos, os papas nunca tiveram dúvidas em levantar a voz contra "a fumaça de Satanás". Sobretudo

Paulo VI, João Paulo II, Bento XVI e Francisco. Então, por que a Igreja não está mais convencida e convincente em advertir o povo de Deus? Padre Amorth tem uma resposta, e não é trivial, não é conveniente: "Os bispos têm uma grande culpa na Igreja católica". Na verdade, caberia a eles nomear os exorcistas. Poucos o fazem,

> porque ignoram o assunto. Porque eles não estudaram. Porque não confiam plenamente no que está escrito no Evangelho, mas sobretudo porque, lamento dizê-lo, nunca testemunharam um exorcismo [...]. É difícil acreditar na existência de Satanás se você nunca presenciou um exorcismo. Acrescentaria também que esse abandono de três séculos da prática de exorcismos fez com que, aos olhos de muitos, os próprios exorcismos aparecessem como algo abominável, monstruoso, a que se deve recorrer o mínimo possível, ou melhor ainda, eles nunca são feitos.

Não há exorcistas na praça, e as pessoas recorrem a magos, adivinhos, satanistas. E a Igreja abdica de seu dever preciso, escrito no Evangelho: expulsar demônios. A esse propósito, Pe. Amorth cita o Concílio: "Toda a história humana é atravessada por uma tremenda luta contra os poderes das trevas; uma luta que começou desde o início do mundo e destina-se a durar, como diz o Senhor, até o último dia". João Paulo II diz:

> A Igreja participa da vitória de Cristo sobre o diabo: Cristo, de fato, deu a seus discípulos o poder de expulsar demônios. A Igreja exerce esse poder vitorioso por intermédio da fé em Cristo e da oração que, em casos específicos, pode assumir a forma de exorcismo.

Há, portanto, uma crise de fé por trás do fenômeno da incredulidade quanto à existência de Satanás. Pe. Amorth está convencido disso. As sociedades ocidentais se libertaram de Deus, os católicos são uma pequena minoria, igrejas e seminários são esvaziados. Não há lugar nem para o Demônio: se não existe o bem, não existe o mal, é tudo relativo, nada absoluto. A própria Igreja – apesar dos papas – é atravessada e golpeada por ventos de crise, que às vezes parecem dominá-la.

Bastaria voltar ao Evangelho, a todo o Evangelho, diz Pe. Amorth:

> "Aqueles que creem em mim, em meu nome expulsarão demônios [...] imporão as mãos sobre os enfermos e os curarão", diz Jesus. Se pelo menos os sacerdotes acreditassem nas palavras do Senhor e no poder que têm, não se cansariam de abençoar todas as pessoas que pedem uma simples bênção. Acredito que muitos males desapareceriam e que um exército de pessoas (mágicos, adivinhos, médiuns e afins) acabaria desempregado. É um dos objetivos que nós exorcistas, pelo menos indiretamente, tentamos alcançar.

Afinal, lembra Pe. Amorth, o papa Leão XIII, em 1884, teve uma visão: presenciou uma conversa entre Jesus e Satanás, na qual o Demônio afirmava ser capaz de destruir a Igreja. Mas ele precisa de tempo, pede pelo menos cem anos, e Jesus lhe concede, mesmo que não permita que o projeto seja realizado. Cem anos significa chegar ao tempo presente. O papa fica chocado e compõe uma oração ao *defensor fidei* São Miguel Arcanjo, o inimigo do diabo. Será recitada no final de cada missa, até a reforma litúrgica do Concílio. Diz:

> São Miguel Arcanjo, defendei-nos na batalha; contra as maldades e ciladas do diabo, sede nossa ajuda. Rogamos-vos suplicantes: que o Senhor o ordene! E vós, príncipe das milícias celestiais, com o poder que vem de Deus, lançai no

inferno Satanás e outros espíritos malignos, que vagam pelo mundo para a perdição das almas.

No entanto, *non praevalebunt* (não prevalecerão). A Igreja é de Deus, não dos homens. Portanto, pode sofrer, padecer, pecar, mas não ser vencida. Satanás ataca os papas, mas os papas resistem. Então ele ataca cardeais, bispos, padres, religiosos: eles são seus inimigos mais poderosos.

É normal – admite Pe. Amorth – que assim seja. Ninguém deve se escandalizar com isso. Nem devemos nos escandalizar se alguns na Igreja sucumbirem à sua lisonja e se deixarem dominar. Sacerdotes, religiosos e religiosas são chamados a uma dura luta espiritual. Eles nunca devem ceder ao Demônio. Se eles abrem a porta de sua alma, mesmo que um pouco, para o Demônio, ele entra e prende toda a sua vida.

Afinal, Santa Faustina Kowalska, a mística polonesa da Divina Misericórdia, em sua visão do inferno, viu o lugar preparado por Satanás para os sacerdotes condenados, "indignos que tiveram a audácia de receber sacrilegamente o Filho da Virgem. Esses miseráveis sofriam tais torturas, que todas aquelas de que falei não são nada em comparação".

Para Pe. Amorth, uma manifestação da obra do Demônio é o fenômeno da pedofilia na Igreja. O que há de mais demoníaco do que o abuso dos pequeninos, os prediletos de Jesus – "Deixai vir a mim as crianças..."; "Se não vos tonardes pequenos como uma criança..." –, os mais frágeis e indefesos, os inocentes por excelência? Há mais:

> Não se pode esquecer que o escândalo da pedofilia no clero estourou nas últimas décadas. Este é o tempo da fúria de Satanás sobre o mundo. Uma fúria que afeta a Igreja de maneira poderosa. O fato de os escândalos terem sido descobertos é bom. Porque permite à Igreja fazer penitência, arrepender-se, não pecar mais.

Estamos no final dos cem anos – o século – solicitados por Satanás a Jesus, na visão profética do papa Leão.

É preciso lidar com a realidade: enquanto o mal existe na terra, o Demônio existe. Do jardim do Éden ao tempo da tecnologia mais avançada e sofisticada, é sempre ele quem envenena os corações e, portanto, causa o egoísmo e todos os vícios que dele derivam. A pedofilia em geral – e aquela na Igreja em particular – o que mais é senão uma assustadora e monstruosa manifestação de egoísmo? O pedófilo é alguém que se coloca acima e no centro de tudo, e usa os outros – as crianças! – para a satisfação de si mesmo e de seu vício perverso. É o egoísmo satânico elevado ao seu poder máximo. É a vitória do diabo.

Não esqueçamos jamais, adverte Pe. Amorth, que

> o mundo está nas mãos do poder do Demônio. Com Satanás, há muitos de seus profetas. Tantas pessoas que a Bíblia chama de falsos profetas. Falsos porque levam à mentira, e não à verdade. Essas pessoas existem fora, mas também dentro da Igreja. Reconhecem-se imediatamente: dizem que falam em nome da Igreja e, em vez disso, falam em nome do mundo. Pedem à Igreja que assuma as vestes do mundo e, ao fazê-lo, confundem os fiéis e levam a Igreja a águas que não são suas. São as águas do Maligno. As águas que a Bíblia descreve de forma admirável em seu último texto, o Apocalipse.

Parece a muitos que estamos vivendo os piores momentos possíveis. Não é assim, cada tempo tem sua grandeza e suas misérias. E outros momentos da história foram extraordinariamente mais difíceis e dolorosos do que os atuais. No entanto, também é verdade que, entre os séculos XX e XXI, o mal assumiu novos e inéditos aspectos, também favorecidos pelas grandes conquistas da ciência e da tecnologia, nem sempre colocadas a serviço do homem e de seu bem. Como se o Demônio se tivesse desencadeado contra o progresso da humanidade, penetrando-a e envenenando-a por dentro.

Assim, explica Pe. Amorth,

> a raiva de Satanás existe desde que o mundo existe. Mas desde que Deus enviou seu Filho Jesus ao mundo, essa raiva ficou mais forte. Desde que Jesus se encarnou, o confronto entre os dois exércitos tem sido aberto, frontal. Satanás opõe o povo a Cristo e consegue convencê-lo de que é necessário matá-lo. A morte de Jesus é a vitória de Satanás. Uma aparente vitória, porque, na realidade, com a ressurreição, é Cristo quem triunfa. Mas seu triunfo não apaga o mal. Não apaga a presença do dragão, da besta, de Satanás. Ele ainda está lá, mas, desde que Cristo veio, o homem tem a certeza de que, se se confia a Ele, pode sair vitorioso. Mesmo na dificuldade da vida, pode derrotar a morte.

## XIII
# NOSSA SENHORA NA COLINA

"Nossa Senhora aparece na Iugoslávia?" é o título de um pequeno artigo publicado na *Madre di Dio,* em sua edição de novembro de 1981. Quatro meses antes, o mundo descobriu a existência de uma aldeia isolada na Federação iugoslava (desde 1995 faz parte da República da Bósnia e Herzegovina), chamada Medjugorje. Lá, de acordo com um grupo de seis jovens, Maria apareceu em 24 de junho, primeira de uma série de inúmeras aparições. "A partir desse momento", escreveu Saverio Gaeta, "sua atenção [de Pe. Amorth, *nda*] para essa manifestação mariana nunca se esgotou, tornando-o um dos comentadores mais autorizados das mensagens propostas pela Virgem, bem como um grande amigo dos videntes".

Ainda hoje, a Igreja não se manifestou oficial e definitivamente sobre Medjugorje, em deferência à prudência exigida em casos semelhantes. Mas, enquanto isso, milhões subiram no monte das aparições, com relativos fenômenos de conversões e curas. Pe. Amorth primeiro "orientou-se para uma grande abertura de confiança", explica Saverio Gaeta, "que depois se transformou em uma certeza resoluta" sobre as aparições marianas. Posição que lhe causará muitos problemas.

Ele escreve em seu jornal:

> À medida que as notícias se espalhavam, as peregrinações aumentavam cada vez mais; a princípio vinham de lugares

próximos; depois, cada vez mais, de toda a Iugoslávia. Muitos milagres de cura e outros sinais já são contados; mas o fato mais significativo é oferecido pelo despertar religioso, naquela terra dominada pelo comunismo há quarenta anos. A longa recitação do rosário (que se intercala com cânticos, pelo que dura até uma hora e meia), vê ortodoxos, católicos e mulçumanos (as três religiões presentes na região) unidos em oração; a frequência aos sacramentos é muito intensa; no final de setembro, estimava-se que os peregrinos chegariam a 10.000 por dia.

No entanto, ele admite que "sabemos que a Igreja demora a se pronunciar sobre esses fenômenos, que primeiro exigem um estudo cuidadoso; e nós também somos cautelosos em dar notícias de fatos desse tipo em nosso jornal, porque queremos examiná-los primeiro". Mas depois se convencerá da autenticidade das aparições: Nossa Senhora escolheu justamente aquele lugar inacessível, no coração do império comunista do mal (ainda faltam oito anos para a queda do muro de Berlim).

O bispo de Mostar – a diocese de Medjugorje –, monsenhor Pavao Žanić, mesmo com a devida prudência, diz estar convencido da boa-fé dos videntes (mais tarde mudará de ideia). Acima de tudo, as multidões se aglomeram na colina, cada vez mais numerosas, enquanto a Igreja abre o dossiê de Medjugorje. As aparições sucedem-se, Nossa Senhora – referem os seis jovens – convida-nos à oração, à conversão, à penitência, ao jejum, à paz. Longas filas de penitentes se aproximam da confissão, mais confessores devem chegar, os franciscanos que lideram a paróquia não são suficientes. Multiplicam-se fenômenos inexplicáveis, aparentemente milagrosos.

Pe. Amorth testemunha pela primeira vez uma aparição da Virgem em abril de 1984, na presença de quatro dos seis videntes – Ivanka, Jakov, Marija e Vicka –, em uma sala da paróquia de São Tiago. Ele conta na *Madre di Dio*:

> De pé, junto ao altar da parede encimado por um crucifixo, eles fazem o sinal da cruz e começam a rezar juntos, em voz alta. Depois de um tempo, com perfeito sincronismo, caem de joelhos. A partir desse momento, eles estão completamente ausentes do que está acontecendo ao seu redor. Seus olhos estão abertos, mas sem fixidez. Não reagem a nada: nenhuma perturbação pelos *flashes* fortes dos fotógrafos, bem no rosto, nem pelos ruídos, nem por um médico que os examina; eles apenas contemplam a visão. A certa altura, todos juntos, de joelhos, recitam o Pai-nosso e o Glória: Nossa Senhora disse a primeira palavra (*Pai-nosso*...); eles continuam: *que estais nos céus*... Então o diálogo com Vicka recomeça; alguns momentos e os jovens levantam os braços como se quisessem seguir a visão: "Ela vai!". Eles se levantam; corremos para a igreja, para a missa.

Suas considerações pessoais seguem a narração dos acontecimentos:

> O que mais nos impressionou é a oração e a compostura do povo. Fomos em um dia *morto*; queríamos evitar o afluxo das festas e o período de verão. Além de nós, havia apenas um pequeno grupo de alemães. Mas a igreja, das 17h às 19h30, estava cheia. O que se vê é que as palavras de Nossa Senhora ali foram levadas a sério. Até o bispo de Mostar nos confessou com toda a certeza que a oração é intensa, o jejum também, e há muitas conversões. Admitiu que, neste terreno, houve uma mudança radical na população. Outras coisas nos foram confirmadas pelo padre Tomislav. Por exemplo: a confissão mensal é preparada com cuidado, durante três dias (quinta-feira, sexta-feira, sábado antes do primeiro domingo de cada mês). É também uma oportunidade de paz entre vizinhos; as rivalidades que antes explodiam entre as famílias não existem mais; há paz.

Sem dúvida, em Medjugorje, algo aconteceu e continua a acontecer, e mesmo os mais céticos são forçados a admitir isso. A Igreja, mais cedo ou mais tarde, se pronunciará. Mas, enquanto isso, artigos, livros, inquéritos jornalísticos e televisivos contam as experiências chocantes de peregrinos, os cientistas debatem, bispos e cardeais visitam os lugares e questionam os videntes, a fama da cidadezinha bósnica se difunde por todo o mundo.

> Se nos pedirem uma opinião – continua Pe. Amorth – a título pessoal, repetimos a máxima do Evangelho: "Pelos frutos se conhece a árvore". Não fomos ver coisas extraordinárias (e não vimos nenhuma), mas fomos para ver *se os frutos eram bons*. Com certeza, respondemos sim. Bons frutos, porque baseados no Evangelho. Se, depois, resultasse que não existem elementos suficientes para afirmar que Nossa Senhora apareceu aos jovens, a mensagem que os jovens atribuem a Nossa Senhora permaneceria sempre verdadeira. Ou seja, cada bispo, cada padre, continue a recomendar calorosamente a oração, o jejum, a conversão, a fé em Deus, os *novíssimos*... Entendo que cause dificuldades uma sucessão de aparições que perdura quotidianamente há quase três anos e que não dá sinais de que irá parar. Nossa Senhora, a essa objeção, teria respondido que *são as últimas para a humanidade desta época*. Poderão existir outras razões para perplexidade, porque nunca é fácil verificar fatos sobrenaturais. No entanto, é legítimo que façamos um julgamento pessoal. Que não aconteça como aquela mulher que foi a Medjugorje e se viu de repente curada do câncer; ela se virou para um padre e perguntou-lhe: "Desculpe, padre, se tivesse esperado o juízo da hierarquia, segundo o senhor, eu estaria curada?".

Pe. Amorth, diretor de uma revista mariana, mariólogo de renome, "agarrado" ao manto da Virgem, não pode ignorar Medjugorje. Ele dedica espaço e atenção a isso, mergulhando seriamente no fenômeno. Em dezembro de 1984, surge a coluna "O recanto de Medjugorje", que continuará até 1988, muito lida e comentada.

No primeiro episódio, ele lista "os efeitos detectáveis" dos eventos ocorridos naqueles três anos:

> 1. Neste tempo, várias dezenas de milhares de italianos foram em peregrinação a Medjugorje. 2. Multiplicam-se as edições de livros, livretos, panfletos, amplamente divulgados, demonstrando o quanto o tema está se consolidando. 3. Muitos grupos de oração já formados, ou outros novos, que surgiram, encontraram impulso naqueles fatos para se encontrarem por mais tempo, com maior participação e eficácia. 4. Surgiram também vários centros, espalhados por toda a Itália, tanto para organizar peregrinações a Medjugorje como para prolongar sua eficácia.

Em uma carta longa e detalhada, explica sua posição ao bispo de Mostar, afirmando, entre outras coisas:

> Estudei as coisas em profundidade, mas do ponto de vista que era possível para mim e de acordo com minhas habilidades. Estudei as mensagens atribuídas à Santíssima Virgem e estudei os efeitos dessas mensagens nas pessoas. Pois bem, encontro as mensagens excelentes: em conformidade com o Evangelho e práticas na atuação exemplificativa. Acima de tudo, notei seu grande efeito sobre as pessoas. Sou testemunha de conversões, de uma intensificação da oração que perdura, da retomada do jejum (agora relegado pelas leis eclesiásticas à boa vontade dos indivíduos...), dos retornos à fé. São realidades que toquei e que toco com a mão. Quando vejo que quem vai a Medjugorje com frequência (logicamente, nem sempre) tem um efeito que repercute com continuidade em um maior compromisso com a vida cristã, não posso dizer "não vai lá", mas digo "vai lá".

Afinal, não aconteceu também ao Padre Pio – um santo – ser "olhado com maus olhos" na própria Igreja, com muitos padres, bispos e cardeais que desaconselhavam as peregrinações a San Giovanni Rotondo? A esse respeito, Pe. Amorth cita a piada de um amigo advogado de Modena:

> Eu, a vós, padres, não vos entendo. As pessoas não rezam, não vão à igreja, não vão aos sacramentos. Aqui existe um que atrai as multidões: leva-os à igreja, leva-os à oração, leva-os aos sacramentos. Bem, parece deixar-vos com raiva. Em vez de encorajar, fazeis de tudo para dissuadir.

Pe. Amorth não aceita e não tolera que as peregrinações à Bósnia sejam desencorajadas ou até mesmo proibidas, chegando a se posicionar contra uma carta da Congregação para a Doutrina da Fé que convida os bispos italianos a "desencorajar publicamente" as viagens a Medjugorje, "assim como qualquer outra forma de publicidade, especialmente editorial", que possam distrair ou perturbar o trabalho da comissão vaticana encarregada de esclarecer esses fatos.

Ele responde assim:

> Estamos diante de um fato muito grave, que põe em questão o papel do dicastério mais delicado e importante da Igreja e, em nossa opinião, o próprio conceito de Igreja, como o Vaticano II se esforçou para destacar. A primeira pergunta que nos colocamos é por que aquele dicastério, que intervém apenas quando se discute uma questão de fé ou moral, interveio em uma questão simplesmente disciplinar e discutível, dirigindo-se ao episcopado italiano como se o assunto concernisse apenas à Itália, criando um perigoso precedente sobre as funções e limites do próprio dicastério. Muito menos a intervenção é direcionada para aquela *promoção* que é uma das finalidades atuais daquele dicastério, mas visa apenas sufocar, reprimir. Tudo isso para chegar à frase final: exortar

os bispos italianos a *desencorajar as peregrinações*. Por quê? Fazem mal? Os peregrinos – mais de cinco milhões – que vão lá para rezar, para se aproximar dos sacramentos, para fazer propósitos para uma vida melhor, devem ser condenados? Houve alguma agitação ou aspectos negativos? São perguntas que dom Bovone [secretário da Congregação, signatário da carta, *nda*] nem se faz. Ele fala genericamente de confusão entre os fiéis e um obstáculo ao trabalho da comissão. Mas não prova nenhum dos dois. E parece desconhecer que, nesses casos, a piedade popular sempre precedeu as decisões eclesiásticas e é ela própria objeto de exame. É preciso ver também se, e até que ponto, é legítimo proibir ir a um lugar para rezar, sem violar indevidamente a liberdade dos filhos de Deus. Não há lugares onde seja proibido rezar! E proibições indevidas nos obrigam a obedecer? Ou melhor, não prejudicam a credibilidade das autoridades que as emitem? Então parece completamente anacrônico, especialmente em nosso tempo, desabafar na imprensa. É ridículo querer suprimir informações, principalmente sobre um fato de repercussão mundial. Por outro lado, reconheceu-se que muitos escritos sobre Medjugorje, resultado de cuidadosos e prolongados estudos feitos no local, são uma ajuda preciosa para as investigações. Aqui deve ser inserido outro discurso, o discurso da Igreja. A autoridade eclesiástica atua dentro da Igreja, mas não é apenas ela a Igreja. Tem a tarefa de discernir, ninguém nega; mas primeiro deve saber ouvir, deve olhar com gratidão para aqueles que, com inteligência e competência, fornecem meticulosamente os resultados de estudos sérios, em vez de se incomodar com eles, como aqueles que se ocupam indevidamente de coisas que não lhes dizem respeito.

Em suma, para o Pe. Amorth, o dossiê Medjugorje não pode ser liquidado pela autoridade. Ele dedica muito espaço a isso em sua revista mariana, encontrando resistência, incompreensão e oposição mesmo no mundo paulino. Há severas críticas dos meios eclesiais, a ponto de induzi-lo a responder na *Madre di Dio*, em dezembro de 1985. Ele escreve:

> Pode-se dizer que nosso jornal está muito ocupado com este assunto? Respondemos que, para um jornal mariano, tal acontecimento é de interesse que certamente excede o que pode ter para a outra imprensa. E a seriedade de nossas investigações nos faz declarar que não temos nada para retificar do que escrevemos tão abundantemente. As mensagens, de conteúdo tão evangélico, sobre oração, jejum, conversão, frequência dos sacramentos, continuaram. E que as mensagens foram recebidas somos informados por um fluxo de mais de cinco milhões de peregrinos, que foram a Medjugorje de todas as partes do mundo. Questionamos individualmente muitas centenas deles; ainda não encontramos um único que voltou desapontado ou arrependido. O número de conversões, de retornos sinceros à oração e a um cristianismo vivido, é incalculável.

Se, na colina da Bósnia-Herzegovina, tantos encontram conforto espiritual, tantos retornam a Deus e à Igreja, por que atrapalhar? Se a árvore do Evangelho é julgada pelos seus frutos, os frutos são bons: Jesus não disse "quem não é contra nós está conosco"? O padre Amorth limita-se a dar conta – como mariólogo, como jornalista e como paulino – do que acontece em Medjugorje e *depois* de Medjugorje. O vento do Espírito sopra onde quer, e ninguém pode – nem deve – detê-lo.

Por isso, explicou em 1986:

> Há mais de quatro anos venho estudando fatos, coletando documentos, publicando apenas o que averiguei pessoalmente (colaborei em três volumes e escrevi cerca de sessenta artigos) e considero útil para o bem das almas. Por isso não publiquei muitos outros estudos [...] acho que não teriam adiantado nada.

Entre as coisas que ele não publicou, estão as brigas internas na diocese de Mostar, com tensões entre franciscanos e clero secular, frades suspensos *a divinis,* polêmicas em torno da atitude do bispo. Questões secundárias, que correm o risco, porém, de poluir o julgamento de todo o resto.

No final daquele ano – tendo iniciado o seu serviço de exorcista há alguns meses – o Pe. Amorth tomou posição.

> Depois de ter estudado as coisas de todos os pontos de vista possíveis, afirmo: *na minha opinião, é impossível que Nossa Senhora não apareça em Medjugorje.* Embora nunca a tenha visto em cinco anos, vi muito claros os sinais de sua presença, os efeitos de sua presença, as transformações provocadas por sua presença.

Saverio Gaeta escreve: "Pe. Amorth aprofundou constantemente as mensagens da Rainha da Paz, dadas à vidente Marija Pavlović a partir de 1984, em particular na coluna de *Madre di Dio* e nos encontros que ele mantinha todo último sábado do mês em uma paróquia romana". Desde 1985, ele apresenta a seus leitores e ouvintes o fruto de pesquisas e estudos pessoais sobre Medjugorje, em um texto que observa como "os muitos aspectos tocados [nas aparições] estão todos contidos na revelação, mesmo que destaques particulares sejam evidentes". Não há nada, nas palavras da Virgem entregues aos videntes, que contraste com as verdades de fé proclamadas pela Igreja ao longo de vinte séculos.

E resume o conteúdo e o significado das mensagens:

> 1. *Deus existe; em Deus há vida; quem encontra Deus encontra a vida.* A existência de Deus é o pressuposto fundamental

da religião e não resulta que tenha sido insistido em outras aparições. No entanto, tornou-se urgente para nossa sociedade, caracterizada pelo ateísmo ensinado às massas. Essa é uma característica de Medjugorje, assim como a insistência na oração do Credo, a síntese das verdades de nossa fé. 2. O apelo à paz é constante. Nossa Senhora se apresentou: *Eu sou a Rainha da Paz*. Todas as outras mensagens também parecem focalizar esse tema da paz: o retorno a Deus, a conversão sincera, a oração, o jejum... Muitos consideram o tema da paz como o tema principal dessas aparições. 3. Oração, jejum, sacramentos. São lembranças constantes nas últimas aparições aprovadas pela Igreja: La Salette, Lourdes, Fátima. Aqui notamos algo novo: a exemplificação, entrando nos detalhes. Para a oração: recomenda-se pelo menos a recitação diária de sete Pai-nossos, Ave-Maria, Glória e um Credo; mas recomenda-se rezar meia hora de manhã e meia hora à noite; uma oração mais prolongada é recomendada para os mais generosos. Jejum: é recomendado a pão e água; para os generosos, não só às sextas-feiras... Missa e sacramentos: encoraja-se a participação diária na missa; para confissões, diz-se: se os cristãos começassem a se confessar uma vez por mês, logo regiões inteiras seriam curadas espiritualmente. 4. Outras verdades evangélicas insistentes: os *novíssimos*, o julgamento de Deus, a existência de Satanás. Entre os preceitos de Cristo, predomina a insistência na caridade, em particular no aspecto mais difícil e heroico dela, o amor aos inimigos. Nisso não se pode deixar de ver um convite à fraternidade humana; a Virgem se apresenta como a Mãe de todos os homens, como Deus é o Pai de todos. E não se pode deixar de ver nesse ensinamento uma confirmação do espírito ecumênico do Vaticano II, se pensarmos que esses convites são dirigidos à Iugoslávia, onde convivem católicos, ortodoxos, muçulmanos, ateus. A conformidade desses ensinamentos com o Evangelho e com a práxis da Igreja é imediatamente evidente. Nenhuma nova devoção é sugerida; nenhuma prática que introduza novidades.

Ele também se pronunciará positivamente sobre a credibilidade dos videntes:

> Eles têm sido continuamente examinados por várias equipes médicas de diferentes nações (italianas, francesas, austríacas, iugoslavas...), e com o uso dos meios mais sofisticados que a ciência atual pode oferecer; nunca foram possíveis exames deste tipo no passado. Os resultados já foram publicados em quatro volumes, e todos podem obtê-los em livrarias. Não há dúvidas sobre a saúde dos videntes; sobre a exclusão de qualquer fato patológico; sobre a falta de truque ou forçação; sobre o fato de que o fenômeno de seu êxtase não é humanamente explicável. A essas observações acrescentamos: o caminho espiritual que esses jovens fizeram e estão fazendo é um caminho maravilhoso e bem verificável, para quem os conhece um pouco de perto. Pense na caridade heroica que eles mostram com sua disponibilidade para os visitantes, assumindo esforços extenuantes e exercitando uma paciência sem limites. É um milagre que não tenham ido para um manicômio... Acrescentemos: para todos os seis, houve sofrimento físico e moral, tanto interior quanto evidente. Não canonizamos ninguém; só damos testemunho do que pode ser verificado por qualquer pessoa. Só o Senhor mede a santidade.

Em 1988, conforme mencionado, o padre Amorth deixou a direção de *Madre di Dio,* para se dedicar exclusivamente ao serviço de exorcismo. Talvez não seja excessivo imaginar que, por trás da sua saída, também existam – mais ou menos marginalmente – as controvérsias sobre Medjugorje.

No último editorial – no mês de dezembro –, volta à questão das aparições da Virgem,

> que nos últimos anos se multiplicaram por todo o mundo, com um ritmo crescente que não nos pode deixar indiferentes.

Pois bem, como observou René Laurentin, os cristãos sensíveis a essas intervenções sentem-se presos entre dois fogos: "Prudência!", dizem os padres. "Quando uma aparição não é reconhecida, não vá lá, não fale sobre ela". "Urgência", diz a mensagem. E se é verdadeiramente Nossa Senhora que vem nos chamar de volta, é uma falta não fazer caso. Como resolver o conflito? O próprio Laurentin aponta como a prudência e a urgência podem andar juntas. Como as mensagens marianas nos lembram as mensagens evangélicas em seu conteúdo essencial (retorno a Deus, conversão, penitência, oração, jejum...), elas têm a mesma urgência do Evangelho, do qual são um eco. E são um sinal de alarme nesta nossa sociedade tranquila e alegremente abandonada ao pecado. Enquanto a prudência é uma obrigação para estudar e declarar a autenticidade de uma aparição. Embora, entretanto, a regra de ouro seja sempre a do Evangelho: pelos frutos se reconhece se uma planta é boa ou má. [...] Para os fatos, para os acontecimentos, tentei dizer a verdade depois de uma cuidadosa pesquisa. Mesmo se eu pisasse no calo de alguém por isso. E não afirmo ter sido sempre compartilhado por todos. Mas estou grato a quem compreendeu e apreciou esse esforço.

Medjugorje permanece uma questão em aberto até hoje. Pe. Gabriele Amorth deu sua contribuição de estudo, pesquisa, aprofundamento. Claro, com a urgência de testemunhar a presença da Virgem na colina da Bósnia, e com a prudência de quem sabe que o tempo de Deus – e da sua Igreja – não é o tempo dos homens. Um dia saberemos. Entretanto, deu o seu testemunho pessoal, com paixão, honestidade, sinceridade. Aceitando pagar o preço.

# XIV
# MORTA EM NOME DO DEMÔNIO

Ele é uma estrela da TV, bem como uma estrela do rádio. Fala do Demônio (e não só) na Rádio Maria, com grandes sucessos de audiência. Publica inúmeros livros, sempre bem vendidos. É chamado em várias transmissões de TV, quando ocorrem eventos de notícias com possíveis implicações "satânicas". Foram anos de intensa popularidade: ele é de longe o exorcista mais conhecido e famoso, procurado pelos sofredores, ouvido e seguido por muitos admiradores. Há também quem se incomode com o padre que fala sobre o diabo em auditórios da televisão ou intervém em defesa da autenticidade das aparições em Medjugorje. Mas não importa. Pe. Gabriele Amorth tem muito o que fazer para se importar com essas coisas. Sempre exorciza, enquanto a saúde permitir. Mas também promove, sempre que possível, a causa do exorcismo entre bispos e padres. Adverte os que acreditam e os incrédulos sobre a presença do Demônio.

Intervém na revisão dos textos litúrgicos sobre o exorcismo, para a atualização subsequente ao Concílio, e – mais uma vez – deve tomar nota da "incredulidade do Vaticano acerca da existência de Satanás". Pe. Amorth e outros exorcistas imaginam ser consultados sobre o assunto pela comissão especial de cardeais: "Em vez disso, nada. Em vez disso, surpreendentemente, em 4 de junho de 1990, surgiu um novo ritual provisório, sem que nenhum de nós tenha sido consultado, nem verbalmente, nem mesmo por telefone".

O texto foi enviado aos exorcistas, para que possam experimentá-lo em campo, expressando posteriormente suas observações, por intermédio dos bispos, das Conferências Episcopais, da Congregação para o Culto Divino e a Disciplina dos Sacramentos. Mas acontece que – também devido a muitos atores envolvidos – "nenhuma observação chegou ao Vaticano. Nenhuma", diz Pe. Amorth. "Nós, exorcistas, teríamos muito a dizer. A leitura e o teste do novo ritual foram, de fato, absolutamente desastrosos para nós. Era muito evidente que o novo ritual tinha sido preparado por pessoas que nunca tinham feito exorcismos na vida, e que nunca os tinham presenciado."

Dezoito exorcistas, portanto, de diferentes nacionalidades, reúnem-se, discutem e escrevem suas observações, que entregam "à Conferência Episcopal Italiana, à Congregação para o Culto Divino e a Disciplina dos Sacramentos, e uma cópia foi dada diretamente ao papa João Paulo II, que, diante de nossos olhos, a pegou e nos agradeceu". Em 22 de novembro de 1998, sai a versão oficial do novo ritual.

Pe. Amorth lembra: "Nossa desilusão foi muito grande. O texto final, para nossa surpresa, seguiu basicamente a edição provisória, com acréscimo de erros macroscópicos". Ele cita alguns deles:

> O texto proibia o uso de exorcismos em casos de feitiço, casos que causam mais de noventa por cento dos distúrbios diabólicos. E novamente o texto proibia a realização de exorcismos, se você não tivesse certeza da presença do Demônio. É um absurdo. É só fazendo exorcismos que se pode ter certeza de que é possessão ou não! Além disso, aqueles que escreveram este texto não perceberam que contradiziam o *Catecismo da Igreja Católica*, que afirma que os exorcismos devem ser feitos tanto em caso de possessão quanto em caso

de distúrbios causados pelo Demônio. Nesses distúrbios, nunca há possessão, nunca há a presença do Demônio dentro do corpo das pessoas, como não há quando animais, casas, objetos são exorcizados.

Nenhuma das observações dos dezoito exorcistas foi acolhida. "Só serviram para escárnio", comenta Pe. Amorth. Dentro da Congregação para o Culto Divino e a Disciplina dos Sacramentos, são acusados de promover "uma campanha contra o rito". Para o Pe. Amorth, "acusação indecente". Concluindo,

> felizmente, *in extremis* o cardeal Jorge Arturo Medina Estevez, que em 1996 se tornou prefeito da Congregação para o Culto Divino e a Disciplina dos Sacramentos, conseguiu, com um golpe de mão de última hora, inserir uma notificação particular na qual os exorcistas foram autorizados a usar ainda do antigo ritual, fazendo um pedido ao bispo. Foi a nossa salvação. Todos conseguimos continuar a exorcizar com o antigo ritual, na minha opinião, o único eficaz contra o Demônio.

Ainda é preciso dizer que o cardeal Joseph Ratzinger, na época prefeito da Congregação para a Doutrina da Fé e membro da comissão para a revisão do rito de exorcismo, desempenhou um papel não secundário no caso – em sentido positivo. "Ele foi o único que procurou e ouviu a opinião de nós exorcistas, mesmo que infelizmente essa opinião não fosse compartilhada por seus outros colegas", comenta Pe. Amorth. O futuro Bento XVI entende que a experiência desses padres da linha de frente é preciosa e a pesquisa, ao contrário de outros cardeais menos circunspectos.

Pe. Amorth trabalha como exorcista sob dois papas, que acreditam na presença de Satanás. Como vimos, João Paulo II e Bento XVI são inimigos poderosos e reconhecidos do Demônio, que os teme e os ataca. Ambos falam aberta e repetidamente sobre Satanás. E de Karol Wojtyla "sabe-se que ele realizou vários exorcismos no Vaticano", lembra Pe. Amorth, que menciona dois deles. O primeiro ocorreu em 27 de março de 1982, quando o arcebispo de Spoleto, dom Ottorino Alberti, acompanha até ele uma menina chamada Francesca, que, ao vê-lo, começou a gritar e se jogar no chão, enquanto o papa ordenava ao diabo que saísse dela, várias vezes, sem sucesso. "Ela se acalma de repente apenas quando João Paulo II lhe diz: 'Amanhã vou dizer missa por você'". Ele mesmo fica perturbado e confessa a dom Jacques Martin, prefeito da Casa Pontifícia: "Nunca tinha visto uma coisa dessas. Uma verdadeira cena bíblica". Francesca voltará livre, anos depois, ao papa: casou-se e teve dois filhos.

O segundo exorcismo diz respeito a Sabrina, outra menina, um caso muito difícil de possessão diabólica. Todas as quartas-feiras, ela vai fazer-se exorcizar pelo Pe. Amorth. Uma vez, ele decide ir à audiência do papa na praça de São Pedro. E acontece que, "quando João Paulo II chega à praça, ela começa a gritar. São necessários dez para detê-la. Ela quer se jogar sobre o papa, seu rosto está cheio de ódio. Baba. Blasfema. O corpo estremece. É uma fera pronta para atacar". O Pe. Amorth continua:

> A audiência termina e os acompanhantes de Sabrina estão exaustos. Durante a audiência, o papa nota essa mulher. Ouve seus gritos. Então ele pergunta quem ela é e diz ao seu secretário, o Pe. Stanislaw Dziwisz, que a traga até ele. O carro do papa volta do arco dos sinos e para logo à frente, junto à basílica, onde os fiéis não podem ver nem se aproximar. Sabrina é conduzida para lá. Ela está em transe. Os olhos são duas órbitas brancas. Baba e inclina a cabeça para trás. Assim que se aproxima do papa, começa a gritar e a tremer. "Não, não, deixe-me em paz. Deixe-me em paz", grita. O papa lhe faz um exorcismo no local. Ele a abençoa várias vezes. E depois a deixa ir.

No encontro da tarde com Pe. Amorth, Sabrina ainda está possuída, "a sua, de fato, é uma possessão muito profunda. Enraizada". Durante o exorcismo, "o diabo se enfurece pelo encontro com o papa, mas, ao mesmo tempo, se sente forte, porque o exorcismo de João Paulo II não foi capaz de derrotá-lo. Ele se sente forte e quer me mostrar que é". E assim, diante dos olhos de Pe. Amorth, acontece um fato extraordinário: o Demônio faz a possuída caminhar na parede, e ela, no final, não lembra nada de nada. Ela será libertada anos depois, "mas estou convencido de que, de alguma forma, o exorcismo realizado por Wojtyla deixou um sinal nela", diz Pe. Amorth.

Joseph Ratzinger, Bento XVI, provavelmente não realizou exorcismos. Mas o tema do Demônio estava muito presente em sua pregação. E uma vez, em 2009, ele entra em contato com dois possessos seguidos pelo padre Amorth. Duas assistentes os acompanham à audiência na praça de São Pedro, esperando algum benefício, pois, diz o Pe. Amorth, "não é nenhum mistério que muitos gestos e palavras do papa enfureçam Satanás. Não é nenhum mistério que só a presença do papa perturbe e, de alguma forma, ajude os possuídos em sua batalha contra aquele que os possui".

Com a chegada de Bento XVI, os dois começam a se agitar, tremendo e batendo os dentes. Enquanto o *Jeep* do papa percorre a praça, eles se jogam no chão, batem a cabeça nas pedras e soltam uivos assustadores. Nesse ponto, diz o padre Amorth,

> Bento XVI se vira, mas não se aproxima. Ele vê as duas mulheres e vê os dois jovens no chão gritando, babando, tremendo, furiosos. Ele vê o olhar de ódio dos dois homens. Um olhar dirigido a ele. O papa não se perturba. Olha de longe. Levanta um braço e abençoa os quatro. Para os dois

possuídos é um choque furioso. Um chicote em todo o corpo. Tanto que caem três metros para trás, derrubados no chão. Agora eles não gritam mais. Mas choram, choram, choram. Eles gemem durante toda a audiência. Então, quando o papa sai, eles reentram em si mesmos. Eles voltam a si mesmos. E não se lembram de nada.

Padre Amorth comenta:

> Bento XVI é muito temido por Satanás. Suas missas, suas bênçãos, suas palavras são como exorcismos poderosos. Não creio que Bento XVI faça exorcismos. Ou pelo menos não estou ciente disso. No entanto, acredito que todo o seu pontificado é um grande exorcismo contra Satanás. Eficaz. Poderoso. Um grande exorcismo que deve ensinar muito aos bispos e cardeais que não acreditam: em qualquer caso, eles terão que responder por sua incredulidade. Não acreditar e, sobretudo, não nomear exorcistas onde há uma necessidade explícita deles é, na minha opinião, um pecado grave, um pecado mortal.

A grandeza dos dois papas – e a santidade de um deles – infelizmente não impede os escândalos que varreram o Vaticano entre os dois séculos, ligados a duas questões candentes: dinheiro e sexo. À sombra dos Sagrados Palácios, entre tantos honestos e puros, circulam também personagens moralmente questionáveis, e muito mais. Os acontecimentos escabrosos sucedem-se, nos quais os papas tentam intervir, e intervêm, sem, contudo, conseguir tirar a "sujeira" dos cantos mais escuros.

E não é só o Vaticano: chegam notícias terríveis, amplificadas pela mídia, de vários países, sobre padres, religiosos, bispos, leigos indignos, em uma série de histórias dolorosas e dramáticas que ferem as pessoas, muitas vezes de forma irremediável, e a própria reputação da Igreja católica. Livros são publicados, investigações são divulgadas, o fenômeno da corrupção parece infindável. O papa Francisco se compromete a acabar com isso, com resultados alternados. A barca de Pedro está na tempestade. E os dias de Covid-19 chegam para complicar dramaticamente uma situação já dificílima.

Para Pe. Amorth, há um responsável, um diretor único, e seu nome é Satanás, que

> ataca os sacerdotes e as pessoas que se consagraram a Deus, sobretudo. Porque atacar um sacerdote significa arrastar muitas outras pessoas para o inferno. Pensemos em todos aqueles padres que enlamearam as próprias vestes abusando sexualmente de menores. Esses atos são demoníacos. O que é mais perverso do que tal ato? Satanás é a perversão total. É ele quem entra nos corações e leva a ações semelhantes. Os padres são as pessoas mais atacadas pelo Demônio. Têm apenas uma chance de não ficarem subjugados: orar e jejuar. Um padre que abusa sexualmente de uma criança causa uma avalanche de dor e destruição. É uma culpa gravíssima. É a maior vitória de Satanás sobre a Igreja, convencer pessoas que deveriam ser totalmente de Cristo a operar, opostamente, só e somente para o Demônio.

As terríveis palavras de Jesus vêm à mente: "Quem escandalizar uma criança seria melhor atirar-se ao mar com uma pedra pendurada no pescoço" (cf. Mt 18,6). Pe. Amorth não se cansa, enquanto as forças o sustentam, de advertir contra o poder de Satanás, sua presença ameaçadora, sua capacidade de dominar os corações, as consciências e os corpos de tantas pessoas boas e simples, com os meios mais comuns.

A internet, por exemplo. Um bom instrumento em si, mas um possível veículo do Demônio, explica Pe. Amorth, que relata:

Cliquei na palavra "Satanás" em um site de busca. Há uma instrução completa sobre como seguir Satanás, como entrar em uma seita satânica, como dispersar a vida no nada. [...] A internet tornou as informações sobre o satanismo mais acessíveis do que no passado. Com um simples clique, você pode encontrar seitas satânicas e entrar em contato com elas. O risco é particularmente alto para jovens em dificuldade ou emocionalmente frágeis. Se um adolescente que se encontra em situação de desconforto entra na internet em busca de respostas e ajuda para seus desconfortos, ele pode facilmente se deparar com essas seitas. Para ele, pode ser o começo do fim. Está cheio de pessoas que, mesmo por simples curiosidade, acessam vídeos que seria melhor nunca terem sido assistidos. Acessam, e Satanás age. Não é preciso muito. Mesmo com um simples filme, Satanás pode colocar uma semente ruim no coração de uma pessoa.

**Naturalmente, como sempre acontece, explica,**

> não se pode generalizar, mas pode verdadeiramente ser o início do fim. O início de um vórtice que leva cada vez mais para baixo. Satanás às vezes entra na vida das pessoas de forma discreta, quase intangível. Mas depois, pouco a pouco, vai conquistando terreno, até a conquista total da alma. Quanto mais terreno ele ganha, mais difícil é escapar dele. A *web* não é o mal absoluto. Mas na *web*, infelizmente, o mal absoluto está presente. E atua. E há quem se deixe seduzir.

O Demônio serve-se dos modernos meios de comunicação, que são poderosos, úteis e cativantes. A atenção deve ser multiplicada. Porque o que é a internet?

> Em grande parte – diz o padre Amorth – um mundo sem Deus. E em um mundo sem Deus, quem é o rei? Satanás. Não é por acaso que é sobretudo onde não há Deus que Satanás tem mão livre. Assim como em parte do mundo da

internet, também em parte do mundo real. Onde Deus não está, o Demônio reina. Reina e possui a pessoa.

Outro instrumento de Satanás para combater, diz ainda Pe. Amorth, é o *rock* chamado *satânico*.

> Não quero ser instrumentalizado. Não quero absolutamente dizer que todo *rock* é perverso e leva a Satanás. Não é assim. Nego isso por completo. Mas existe o *rock* satânico, e é nesse tipo de música que penso quando falo de outras formas de disseminação do satanismo para além das seitas. O que o *rock* satânico faz? Prega o niilismo mais absoluto, combate a religião católica e qualquer ordem social. Ensina que tudo é permitido e que o indivíduo é deus. Leva a odiar a Igreja. O *rock* satânico tem um inimigo evidente, Cristo e a Igreja. E apenas um objetivo, o de levar o homem à dedicação a Satanás e, portanto, à autodestruição. Muitos jovens, graças a esse tipo de música e às amizades que se estabelecem entre quem ouve esse tipo de música, muitas vezes caem nas trevas, no ocultismo.

Marilyn Manson, o célebre cantor estadunidense, é "completamente escravo do diabo", diz Pe. Amorth, alertando os pais de jovens que ouvem *rock* satânico.

> Quando digo essas coisas, há quem ria. Na imprensa, muitas vezes sou ridicularizado por essas minhas *saídas*. Gostaria de dizer aos que riem: vão falar com os pais dos jovens que hoje não existem mais porque foram capturados pelo vórtice do satanismo. Vão. Riam na face deles, se tiverem coragem. Repito. Gostaria de dizer aos pais que têm filhos que ouvem música satânica: salvem-nos acompanhando-os desde a adolescência. Eduquem-nos na fé. Tragam-nos para a igreja, mesmo quando crianças. Mesmo se eles chorarem e correrem por toda a igreja. Tragam-nos. É por osmose que se educa na fé.

Muitos cantores de *rock* se inspiram em Satanás. Eles brincam com fogo. E os jovens, em busca de emoções fortes, caem nessa. É um vórtice do qual corremos o risco de nunca mais sair. Com consequências trágicas e irreparáveis. Muitos desses artistas estão ligados a seitas satânicas, especialmente nos Estados Unidos da América, onde existe a Igreja de Satanás, da qual Marilyn Manson é *sacerdote*. E eles transmitem suas mensagens devastadoras. Pe. Amorth explica:

> É como uma lavagem cerebral que não leva a lugar nenhum, leva à abominação, à fúria assassina, à autodestruição. A mensagem negativa proposta por um disco é uma semente perigosa lançada na alma dos jovens. Almas puras e facilmente contaminadas. Nos últimos anos, o *rock* satânico tornou-se moda que se expressa através das correntes musicais mais extremas. As capas dos discos estão cheias de imagens blasfemas, e as letras incitam o ódio e a violência contra os cristãos.

Em suma, o Demônio usa os meios da modernidade para minar almas e corpos. E, dentre esses, a música certamente está entre os mais poderosos, chegando a todos os lugares, sem problemas, controles ou censuras. E então – continua – ele também usa ferramentas aparentemente inocentes, transformando-as em mensagens venenosas, principalmente para os pequenos. Como certos quadrinhos "que louvam Satanás". Ou a própria TV, presente em praticamente todas as casas do planeta, ou quase. "As imagens nem sempre ajudam. De fato, muitas vezes, elas incutem nos pequenos a ideia de que se é feliz na vida apenas graças ao dinheiro, ao sexo e ao poder. Dinheiro, sexo, poder: os três ídolos caros a Satanás."

Na pobreza de espírito de tantas almas simples, vivem magos e gurus, que muitas vezes usam a televisão e seu poder para seus golpes. Também devemos ficar longe dessas pessoas, Pe. Amorth não se cansa de repetir.

> Ao lado dos bons sensitivos, existem os maus. Como reconhecê-los? Simples. Eles sempre pedem dinheiro. O dinheiro é a primeira tentação do Demônio. Porque com dinheiro você pode comprar tudo: sexo, drogas, prazer e poder. A maioria dos sensitivos hoje são falsos sensitivos, dos quais se deve escapar. Eles fazem pactos com o diabo. E constantemente pedem dinheiro. Dinheiro, dinheiro e mais dinheiro. Eles nunca estão saciados. "Volte em uma semana e traga mais dinheiro", sempre dizem. Há pessoas na fila do lado de fora da casa. Querem publicidade. São o oposto dos verdadeiros sensitivos, que escondem seu carisma. Eles permitem que Deus traga o povo até eles. E não querem o dinheiro das pessoas. Sabem que o dinheiro leva ao inferno. Então eles fogem disso.

Houve o caso, conhecido em todo o mundo, de Sai Baba, um curandeiro indiano que morreu em 2011, ao qual multidões acorriam. Um falso profeta, que se aproveitou da ingenuidade das pessoas por muito tempo. Pe. Amorth teve de lidar com algumas de suas vítimas:

> Eu entendo, no decorrer dos exorcismos, que Sai Baba é um guru intimamente ligado a Satanás. Para mim, ele é o filho predileto de Satanás na terra. É o filho favorito, como houve poucos outros no mundo. Faz mágica, milagres falsos que não levam a lugar nenhum. E torna suas milhares de pessoas. Pessoas que ele leva à perdição. Que depois deixa sozinhas. Perdidas em seu desespero. As pessoas mordem a isca porque nem todos são capazes de materializar objetos do nada. Nem todo mundo consegue andar a alguns centímetros do chão, realizar algum gesto incrível e aparentemente inexplicável. Não é para todos, mas aqueles que se tornam filhos de Satanás sabem fazer essas coisas.

Os seguidores de Sai Baba o consideravam um deus, lhe obedeciam e o enchiam de dinheiro.

> Todos esperavam ser curados por ele, mas ninguém foi realmente curado. Sai Baba foi o filho primogênito de Satanás, não tenho dúvidas sobre isso. Ele falava bem de todos, de Jesus em particular, mas o deus era um só: ele e só ele. Isso pensava de si mesmo. Ajudava os hospitais das aldeias indianas com grandes doações, aparentemente fazendo o bem, porque o diabo é muito esperto. Muitos turistas italianos, principalmente mulheres, caíram em sua rede.

Os efeitos da presença e do poder de Satanás são vistos e sentidos. A ação de trinta anos de Pe. Gabriele Amorth contra ele não se limita ao exorcismo, mas também tende à prevenção, à educação, ao treinamento. Que, contudo, não podem prescindir da fé: para combater o Demônio, para impedi-lo de roubar almas e corpos de Deus, é preciso, antes de tudo, acreditar em sua existência, pois não se faz guerra a algo que se pensa que não existe. Aqui estão as referências ao Evangelho, onde a ação do inimigo contra Jesus é evidente e concreta. De lá devemos partir para construir uma barragem contra os ataques do Maligno. Caso contrário, constrói-se na areia, efetivamente cedendo e entregando-se, mãos e pés presos, ao seu poder.

A fé e os seus instrumentos – oração, penitência, jejum – são as armas que Satanás teme: ele não pode fazer nada contra elas. Se alguém tem fé, move montanhas. Não poderá, talvez, vencer o inimigo de Deus? E, portanto, todos os dias é necessário repelir os ataques do Demônio e, ao mesmo tempo, fortalecer as defesas do povo contra ele. Porque está sempre à espreita, pronto para as proezas mais terríveis e inesperadas. Para arrastar suas vítimas para o vórtice escuro do mal, para realizar ações hediondas. Demoníacas. Pe. Amorth recorda uma história horrível, que chocou toda a Itália. E que teve um desdobramento inesperado: a vitória de Deus, onde parecia que Satanás havia vencido.

No domingo, 6 de junho de 2021, a Igreja declara beata a irmã Maria Laura Mainetti. Acontece no campo esportivo de Chiavenna – açoitado pelo vento, os rostos ainda cobertos com máscaras anti-Covid –, na província de Sondrio e diocese de Como, pela mão do cardeal Marcello Semeraro, prefeito da Congregação para as Causas de Santos, com prévia autorização do papa Francisco. Ela pertencia à Congregação das Filhas da Cruz e foi assassinada "*in odium fidei*", por ódio à fé, em 6 de junho de 2000 – exatamente 21 anos antes – por três meninas menores de idade, que a atraíram para uma armadilha.

Ambra Gianasso, Veronica Pietrobelli e Milena De Giambattista estão entediadas e ensurdecidas pelo *rock* satânico. Querem oferecer uma vítima a Satanás. Quem sabe como chegaram à decisão, que escuridão tomou posse da alma delas. Decidem matar o pároco, seu físico robusto o salva. Escolhem, então, uma freira, aquela que ajuda a todos e que certamente virá em socorro de Ambra, de 17 anos, que lhe telefona, mentindo: me estupraram, e agora estou grávida, venha. Irmã Maria Laura morde a isca; como não ir, como não responder a semelhante pedido? São quase 22h, ela sai do convento e vai ao encontro da morte.

Com Ambra estão as duas amigas. Elas a atraem para um parque deserto e isolado, refúgio de drogados e prostitutas. Atordoam-na com pedras, dão cabo de sua vida com facadas: dezenove golpes. Ela está de joelhos, tenta dissuadi-las. Finalmente, com suas últimas forças, pede a Deus que as perdoe. Assim ela morre, como uma oferenda a Satanás, que invadiu a mente e o coração de três jovens entediadas. *Perdoa-lhes, porque não sabem o que estão fazendo.* Serão aprisionadas, condenadas, pagarão sua dívida com a justiça terrena e finalmente deixarão esses lugares, com novas identidades.

Agora a freira tornou-se a beata Maria Laura Mainetti. Uma pedra manchada com seu sangue foi trazida ao altar da beatificação. A Igreja a recordará todo dia 6 de junho. Não havia necessidade de milagres, porque ela morreu como mártir, testemunha da fé, em ódio a Deus, durante um horrível rito satânico. Nada mais é necessário para ser chamada de beata.

De Roma, na solenidade do *Corpus Christ*, o papa Francisco recorda o acontecimento durante o *Angelus*:

> Hoje, em Chiavenna, na diocese de Como, foi beatificada a irmã Maria Laura Mainetti, das Filhas da Cruz, assassinada 21 anos atrás por três garotas influenciadas por uma seita satânica. A crueldade! Exatamente ela, que amava os jovens mais do que tudo, e amava e perdoava aquelas mesmas garotas prisioneiras do mal. Irmã Maria Laura nos deixa seu programa de vida: *Fazer cada pequena coisa com fé, amor e entusiasmo.* Que o Senhor dê a todos nós fé, amor e entusiasmo. Uma salva de palmas para a nova beata!

Menos de um mês se passou desde outra significativa beatificação, a de um jovem magistrado morto pela máfia. O que é mais demoníaco do que a máfia? Homens (e mulheres) que se reúnem, se organizam cuidadosamente, apenas para fazer o mal: matar, roubar, aterrorizar, chantagear, levar ao desespero.

É domingo, 9 de maio de 2021, quando o mesmo cardeal Semeraro, em Agrigento, proclama bem-aventurado Rosario Livatino, assassinado em 21 de setembro de 1990, enquanto ia trabalhar com seu carro e sem escolta. Ele investigou muito, e muito bem, deve ser detido. E o detêm para sempre. Ele sai do carro e foge para o campo; eles o perseguem, ele cai, eles atiram nele, enquanto ele pergunta: "O que fiz convosco?". Antes de ser magistrado, Rosario Livatino é um bom cristão. Alguém que assina as páginas do diário com uma escrita misteriosa: STD, e só depois de sua morte se descobrirá seu significado, *Sub Tutela Dei*, ou seja, sob a tutela, a proteção de Deus. Colocava os seus dias nas mãos de Deus. E dizia que, no final da nossa vida, não nos perguntarão se fomos crentes, mas credíveis.

Morre assim outro mártir da justiça e da fé, por definição do próprio João Paulo II, ao visitar seus pais durante a histórica visita à Sicília, em 9 de maio de 1993. Quando, no vale dos templos de Agrigento, gritou aos mafiosos: "Uma vez virá o julgamento de Deus!". O que está dentro do coração dos carnífices de Livatino e dos outros chamados homens de honra, senão a ação infernal do Demônio? Como é possível que a mente humana, sozinha, possa planejar e executar massacres como o de Capaci, como o da rua D'Amelio, como o da rua dos Georgofili, em Florença? Ou fazer um menino morrer de fome e depois ser dissolvido em ácido, culpado apenas de ser filho de um criminoso arrependido, que decide colaborar com as autoridades, como aconteceu ao pequeno Giuseppe Di Matteo?

E o que pode estar por trás de outras histórias atrozes que enchem jornais e TVs por anos, por décadas? Pe. Amorth se lembra de duas, emblemáticas. A primeira é a história de Emanuela Orlandi, a filha de 15 anos de um funcionário da prefeitura da Casa Pontifícia no Vaticano. Desapareceu para sempre em 22 de junho de 1983. Foi para a aula de música na igreja de Santo Apolinário, saiu, e alguém dirá que a viu entrar em um carro preto. A partir desse momento, nada mais se saberá sobre ela. João Paulo II lançará apelos por sua libertação, será buscada em todos os caminhos possíveis, incluindo despistes, mentiras, silêncios. Quem sequestrou Emanuela? E o que fez dela? Ainda hoje não se tem uma resposta. A família e o irmão insistem em obter informações do Vaticano, que responde: já dissemos tudo.

Pe. Amorth expressa sua opinião:

> Eu penso que uma menina de 15 anos não entra em um carro, se não conhece bem a pessoa que lhe pede para entrar. Acredito que é necessário investigar dentro do Vaticano, e não fora. Ou pelo menos investigar as pessoas que de alguma forma conheciam Emanuela. Porque, na minha opinião, só alguém que Emanuela conhece bem poderia tê-la induzido a entrar em um carro. Muitas vezes, as seitas satânicas agem assim: colocam uma garota em um carro e depois a fazem desaparecer. O jogo é, infelizmente, fácil. Colocam suas presas no carro, narcotizam com uma seringa e então fazem dessa garota o que quiserem. Claro, espero que as coisas não sejam assim. Espero que se realmente, como penso, é uma seita satânica, pelo menos essa seita não tenha nada a ver com o Vaticano. Espero que essa história sem fim termine logo. Mas não tenho medo de dizer que mulheres jovens muitas vezes desaparecem dessa maneira em todo o mundo. Uma garota pode desaparecer tão perto de um lugar que deveria ser tão sagrado quanto o Vaticano? Infelizmente. Porque Satanás está em toda parte.

A segunda história se passa em Novi Ligure, na província de Alessandria, em 21 de fevereiro de 2001. Uma jovem de 16 anos, Erika De Nardo, junto com seu namorado, mata sua mãe e seu irmão de 11 anos, com facadas, sem um porquê, sem uma reflexão posterior, sem uma dúvida.

Com uma crueldade indescritível. Tem também o projeto de matar o pai, mas ele voltará mais tarde e será salvo. O que ou quem poderia ter armado a mão de uma filha, de uma irmã, para cometer crimes tão atrozes? Os dois serão descobertos, condenados, cumprirão sua pena, sairão profundamente mudados. Erika passará um tempo na comunidade *Exodus*, de Pe. Antonio Mazzi. E, durante todo o percurso de saída do inferno, ela encontrará a seu lado o pai, a quem ela queria matar. Ele irá ajudá-la a reconstruir uma vida.

Pe. Amorth faz perguntas e oferece respostas: "Pode-se encontrar mais perfídia no mundo do que isso? Mais ódio? Mais raiva? Parece difícil. É uma perfídia desumana. É a perfídia do diabo". Difícil culpá-lo. Quando a alma humana acaba no vórtice negro do mal, só pode ter sido levada para lá pelo próprio mal, que tem um nome específico: Satanás. Quantas almas habitadas pelo Demônio Pe. Amorth conheceu? Difícil contá-las. Muitas, muitas, em trinta anos de luta muito dura e paciente. Sua vida foi gasta em grande parte neste apostolado da esperança, que é a luta do homem pela libertação do poder do Demônio. Uma batalha formidável e terrível, sem barreiras. Satanás visa abertamente tomar posse dos homens, de todos os homens, para arrebatá-los de Deus. O exorcista fica entre esse plano assustador e sua realização. Um papel desconfortável, não para todos. Pe. Amorth aceitou-o e suportou-o durante grande parte de sua vida. Sem nunca abandonar ou desistir. Quem sabe quantos ele arrancou das garras do diabo.

# XV
# UM HOMEM DE BATINA

Quem o conheceu bem foi Elisabetta Fezzi, jornalista e escritora, além de sua colaboradora, que escreveu com ele o livro *La mia battaglia con Dio contro Satana* (*Padre Amorth: a minha batalha com Deus contra Satanás*, Edições São Paolo, 2017). Seu testemunho também nos devolve o homem, assim como o padre, o exorcista, o paulino.

> Em nosso primeiro encontro, Pe. Gabriele me contou sobre seu encontro com o Pe. Alberione e como ele entrou nos Paulinos sem conhecer o carisma paulino, apenas para seguir o Primeiro Mestre, como é chamado confidencialmente Alberione por seus filhos.
>
> Um encontro para uma entrevista, e tudo poderia ter terminado ali, mas não foi suficiente; reconhecer sua atitude em relação à paternidade e o fascínio por ela foi imediato, então foi bom e necessário nos encontrarmos e nos encontrarmos novamente por anos. Com o passar do tempo, nossas conversas ficaram cada vez mais profundas, e ele me deu um grande presente, me permitiu ir além do personagem e me convidou para um encontro real com ele, como homem.
>
> Não era tão óbvio, porque Pe. Amorth, como verdadeiro paulino, sabia o que queria comunicar e como fazê-lo, não tinha tempo a perder e não saía dos cânones que seu papel, de exorcista mais famoso e *poderoso* do mundo, lhe impunha. Só raramente ele deixava transparecer algo de si mesmo.

Meu primeiro pensamento vai para o homem entusiasmado: Pe. Gabriele se entregava ao que lhe era confiado com tudo de si, com total dedicação. Sempre foi assim desde menino, e demonstrou isso em todos os cargos que desempenhou com paixão, desde a assistência espiritual dos grupos da Família Paulina até a direção da revista *Madre di Dio*, passando, naturalmente, pela consagração da Itália ao Imaculado Coração de Maria.

De vez em quando, tento fazer o curioso exercício de imaginar como ele deve ter se sentido quando o cardeal Poletti lhe deu o mandato de exorcista para ajudar padre Cândido Amantini, o famoso passionista da *Scala Santa* que já exalava o perfume da santidade em sua vida.

Estamos em 1986, Pe. Gabriele tem cerca de 60 anos e é sacerdote há 32; ele não foi formado, como a maior parte dos consagrados de ontem e de hoje, para este ministério.

As notícias dizem que na Itália de então havia apenas cerca de vinte exorcistas. Os bispos não queriam ouvir falar. Os sacerdotes ainda menos. Coisa da Idade Média. Os confrades Paulinos se incomodavam só de pensar nisso, não tinha nada a ver com o carisma da congregação. O povo de Deus não estava informado, e o pensamento mágico, assim como o uso de práticas potencialmente perigosas, era desenfreado.

E Pe. Gabriele se esforçou para obter informações e aprender com seu mestre, o padre Cândido. Mas ele imediatamente entendeu que não bastava aprender o *ofício*, que o assunto era candente e urgente e ele tinha que encarar o assunto em 360 graus.

Assim, disponibilizou com entusiasmo suas habilidades de comunicação e fundou a associação de exorcistas, trabalhando para despertar o interesse da mídia, que respondeu com igual entusiasmo aos seus pedidos.

Ele era um verdadeiro *animal de palco*, se me permitir o termo, com um forte senso dos tempos e do ritmo; sempre de batina, mostrava uma grande presença de palco, mesmo quando dizia coisas desconfortáveis e impopulares, com muita clareza e determinação.

Um homem de batina. Incrível. Um homem de batina, numa época em que os Paulinos já a tinham fechado no sótão entre as teias de aranha, alto, calvo, com dentes tortos e sorriso acolhedor, olhos atentos e sorridentes, com uma fala simples e imediata, mas muito profunda, inesperada.

"O hábito não faz o monge, mas o hábito imediatamente diz a todos que és um monge", amava dizer. Seu discurso não dava descontos, ele sabia ser brutal quando queria, até porque tinha um temperamento explosivo respeitável, rigidez e impaciência que se mostravam fortemente quando as coisas não fluíam exatamente como ele dizia. Às vezes, ele perguntava a Rosa e Cristina [colaboradoras, *nda*] se havia exagerado em repreender as pessoas, e acontecia que telefonava para pedir desculpas se tivesse sido muito duro.

Rapidamente se tornou famoso como exorcista enquanto era mariólogo, e não um *mariuolo*, como, em tom de brincadeira, especificava.

E esse se tornar famoso mudou a sua vida.

Muito procurado pelas pessoas atribuladas de meio mundo que procuravam desesperadamente por ajuda em uma Igreja um pouco surda a essas questões; muito procurado pela mídia em busca de entrevistas, possivelmente um pouco *escabrosas*.

Quantas entrevistas terá dado entre 1986 e 2016? Podemos somente imaginá-lo, porque não tinha diários nem escritos, a sua memória prodigiosa permitia-lhe guardar tudo na cabeça, sem necessidade de anotar. Ele só tinha um caderno para os números de telefone necessários.

Eu me perguntei muitas vezes como ele não se cansava de todas essas entrevistas; no final, as perguntas que lhe eram colocadas eram mais ou menos sempre as mesmas: mas o senhor não tem medo? Como é possível que essas coisas aconteçam? Como se faz entender se existem problemas? São perigosos ou são psiquiátricos? Como se faz para defender-se?

E Pe. Gabriele, um homem fiel, por trinta anos, com abnegação, respondeu exatamente às mesmas perguntas, com o mesmo entusiasmo, com a mesma clareza, com a mesma simplicidade, sem dar o menor sinal de impaciência. Cada vez como se fosse a primeira vez. E, nessa fidelidade ao seu ministério, pode-se vislumbrar verdadeiramente um dos aspectos da sua santidade de vida.

Ele era famoso, portanto. Era um personagem. Era um personagem desconfortável.

Desconfortável desde sua entrada nos Paulinos, porque, em vez de entrar ainda criança, chegou já grande, depois de se formar em direito, da militância entre os partigianos, que lhe rendeu uma medalha por bravura, e do trabalho ao lado de personagens como Dossetti, Fanfani, Lazzati, La Pira e Andreotti.

O fato de que Pe. Alberione o estimasse muito não foi suficiente para fazê-lo superar certa desconfiança entre seus confrades, desconfiança que se agravou quando, em 1977, foi nomeado delegado provincial.

O Fundador havia falecido em 1971, e Pe. Tonni, então superior geral, tinha ideias a desenvolver e preferiu nomear um executor a ter um superior provincial eleito democraticamente pelo Capítulo.

Infelizmente, Pe. Gabriele não tinha experiência como superior e não havia sido treinado para o cargo, provavelmente não estava apto para a tarefa e nunca recebeu instruções de Pe. Tonni: naquele ano, suscitou forte oposição entre seus confrades, que o consideravam um intruso, muito rígido em alguns aspectos e excessivamente inovador, até mesmo revolucionário, em outros. Seu caráter muito forte e seu conceito estrito de obediência – sustentava que as instruções de um superior são a vontade de Deus – não o ajudaram nas relações com a comunidade. E, paradoxalmente, o fato de tentar manter relações amistosas não era considerado um gesto de amizade, mas de suficiência, como se alimentasse certo desprezo pelos irmãos.

O clima de desconfiança perdurou até sua morte, aliás, durante sua longa permanência como exorcista, consolidou-se, aborrecendo o constante ir e vir de pessoas e o barulho produzido pelos perturbados possessos que recebia. Provavelmente, sua notoriedade também era irritante, e alguém calculou, controversamente, que a maior porcentagem, talvez até 50%, do trabalho do porteiro da casa na rua Alessandro Severo em Roma, onde morava, era classificar correspondências, telefonemas e visitas para Pe. Gabriele. As pessoas ligavam e apareciam diretamente sem hora marcada, e era a portaria que deveria afastar os muitos e obstinados hóspedes inesperados.

Todos esses fatos contribuíram para seu isolamento, ele era um homem muito solitário, principalmente depois que as pessoas mais próximas a ele, como Pe. Alberione, Pe. Cândido, Pe. Stefano Lamera e Irmã Ermínia Brunetti, nasceram para a casa do Pai. Entre os Paulinos, teve apenas um colaborador assíduo, o irmão Pietro Francesco Rossi, que ficou ao seu lado por alguns anos até o fim de seu ministério. No fundo, também padre Estanislau, o passionista que foi seu braço direito durante anos e que é, na verdade, seu filho espiritual, não pôde ficar perto dele até o fim, porque foi transferido para outra região. Uma vez perguntei a Pe. Gabriele sobre sua solidão. Ele respondeu que tinha Jesus, Maria e seu anjo da guarda, e por isso nunca estava sozinho. Uma resposta irrepreensível, poderíamos dizer politicamente correta, para um homem extremamente reservado que protegia cuidadosamente sua vida privada e seus sentimentos. Dificilmente deixava transparecer algo de suas verdadeiras fadigas.

Acredito que, humanamente falando, estava muito isolado, mas nunca admitiria isso para ninguém. Mesmo na solidão, o seu abandonar-se à vontade de Deus, ele inútil instrumento, sustentou-o e preservou-o.

Certamente sua função de exorcista contribuiu para deixá-lo desconfortável mesmo fora de sua comunidade.

Tinha profundamente no coração seu ministério, que via e vivia como uma obra de caridade. E por essa caridade ele se gastou total e incansavelmente, fazendo exorcismos todos os dias até quando sua saúde lhe permitiu e dizendo coisas que eram realmente impensáveis, se não impopulares. Uma, em particular, causou certa sensação, quando disse: "Os bispos que, diante de um caso grave, não tomam providências, estão em pecado mortal". E acrescentava, com uma simplicidade desarmante: "Não sei o que poderia dizer mais forte do que isso". A mola na base de uma afirmação tão dura foi justamente a caridade, capaz de garantir que os atribulados encontrariam consolo.

Por outro lado, ele era um especialista em direito civil e canônico e, quando lançava seus *tiros*, media as palavras milimetricamente, para comunicar de forma inatacável o que lhe interessava; o problema era que a mídia muitas vezes deturpava ou modificava suas mensagens superficialmente, mais interessada em manchetes do que em conteúdos profundos.

Sua fidelíssima assistente Rosa diz que eles tiveram que mudar cerca de vinte lugares para realizar os exorcismos, porque incomodavam ou havia medo. Rosa conta ainda que as pessoas, uma vez curadas, desapareciam sem dar notícias, e ele sofria com isso. Não saber mais nada sobre quem acompanhara, às vezes durante anos, era uma dor para ele que buscava o encontro de sua própria humanidade com a do outro.

Estar assim, sempre no centro das atenções, poderia ter estimulado nele certo sentimento de superioridade, que, ao contrário, lhe era desconhecido. "Eu não valho nada", sempre dizia, "eu não valho nada; nunca tive sucessos, o Senhor fez tudo; o sucesso foi do Senhor". Não dizia isso por pose ou ostentação, estava profundamente convicto disso, era a pessoa mais descaradamente humilde que eu já conheci. Não negava ter feito grandes coisas, simplesmente atribuía o mérito ao Senhor ou a Maria. Em uma de nossas conversas, ele se definiu como soberbo e afirmou que não tinha méritos, a não ser o de reconhecer que não os tinha. Considerava-se um instrumento inútil e dali não saía. Ponto.

Elisabetta Fezzi também tenta contar todos os encontros-confrontos que Pe. Amorth teve em trinta anos de atividade. E ela enumera:

> Há quem diga 40.000, há quem diga 70.000 exorcismos em sua vida, os números são desperdiçados e se poderia jogar na loteria. Pois bem, sempre com a mesma humildade, sem colocar nada de seu, procedia à bênção rezando o ritual latino. Sem colocar nada de sua autoria. Ele ouvia as histórias dos atribulados e certamente tinha uma ideia do problema específico que estava prestes a enfrentar, porém não buscava abordagens particulares, mas prosseguia com o ritual da Igreja. Portanto, o mesmo ritual e a mesma oração, sempre em clima de ordem. Claro, houve manifestações extraordinárias do inimigo, mas, mesmo no combate físico áspero de Pe. Gabriele, nunca se viram certas cenas indecentes mostradas em alguns filmes. Máximo respeito pelo sofredor, que não era um *caso a ser estudado*, mas uma pessoa, a própria face do Cristo sofredor. Nisso também emerge sua delicadeza de comunicador: exaltava a obra de Deus e menosprezava a do diabo, evitando contar os *efeitos especiais* que ocorriam durante a oração.
>
> Adotou um método, sugerido pela irmã Ermínia, que lhe permitiu *acelerar* o ritual, reduzindo-o a meia hora de oração; dessa forma, pôde ver as pessoas com mais frequência, embora por pouco tempo. A experiência mostrou-lhe a excelente eficácia desse método, que aplicava com determinação.

Tinha um grande respeito pelos doentes espirituais; mesmo quando entendia que o problema era apenas psicológico, ele ainda dava as bênçãos, sentia-as necessárias. Se a pessoa não tinha nada, encurtava um pouco a oração e afirmava claramente que os exorcismos não eram necessários. Acolhia também aqueles que não tinham problemas espirituais, apesar de estar tão sobrecarregado de pedidos, porque, para usar suas palavras, "não sei dizer não". Ele era bom demais, talvez um pouco ingênuo, confiava nas pessoas e, infelizmente, muitos se aproveitaram de sua boa-fé, a começar pelos muitos, muitos, que ainda hoje se definem como seus filhos ou amigos íntimos, que fizeram fotografias com ele e divulgaram fotos nas redes sociais para se credenciar. Ou aqueles que lhe pediam dinheiro, ostentando necessidades inexistentes. Ele dava tudo o que tinha.

Sempre a mesma oração, dizia. Podem imaginar por 40.000 ou 70.000 vezes? Sempre a mesma, idêntica, que já não precisava ler, porque a sabia de cor, em total obediência às indicações da Igreja.

Assim, de maneira circular, voltamos ao grande tema da obediência. Para Pe. Gabriele, a vontade da Igreja, a vontade dos superiores, era a vontade de Deus. Sem descontos.

Ele se definia mariólogo. Tornava Maria fisicamente presente em suas histórias, e tive a impressão de poder vê-la enquanto se materializava ao seu lado para apoiá-lo e protegê-lo, para que as coisas a que ele se dedicava com tanto empenho pudessem ser realizadas. Disse que nunca teve repercussão ou vingança do diabo, que, em mais de uma ocasião, lhe dissera que *Aquela* o protegia: nada mal como uma apólice de seguro! A dedicação foi mútua, ele nunca largou o terço; seus amigos mais próximos relatam que, mesmo durante as últimas horas de sua vida, quando não estava consciente, não abriu a mão que o segurava.

Como é possível que um homem qualquer, normal, sem características físicas e espirituais particulares, consiga por tanto tempo e tantas vezes enfrentar abertamente o Demônio e suas hostes? Qual pode ser o segredo de uma batalha tão árdua e exaustiva?

> Creio que foram sua vida de oração, que estava em primeiro lugar quando iniciava qualquer trabalho, e seu vivaz senso de humor que lhe permitiram manter um bom equilíbrio. Por outro lado, como conciliar as fortes experiências dos exorcismos com o fato de ser um monge como todos os outros? Fácil: contando piadas; ele conhecia muitas delas e as contava com muito bom gosto em todas as ocasiões. Autoironia, piadas, brincadeiras e caretas, a felicidade afugentou o Maligno, que sempre prefere um clima triste e preocupado. Quando não estava contando piadas e fazendo caretas, cantava, tinha uma bela voz, principalmente canções marianas.
>
> Além do canto e das piadas, a sua paixão era o sorvete, principalmente o de chocolate. Suas colaboradoras assíduas, Rosa e Cristina, traziam para ele e o mimavam muito, e ele adorava descaradamente ser mimado.
>
> Justamente por sua índole festiva, a atmosfera de Pe. Gabriele era alegre em todas as situações e ele sempre tentava, ao final das sessões, despedir a pessoa com um sorriso, porque semeava esperança. Testemunhei alguns de seus exorcismos e vi pessoas que tiveram reações sérias e recentemente se recuperaram sendo cordialmente dispensadas com um pequeno tapinha na cabeça: "*Piffete, paffete, puffete*",[1] dizia. Que queria dizer: "Tu és uma pessoa, e não a criatura miserável, desfigurada e devastada, e eu também sou uma pessoa, e não uma máquina de guerra".
>
> E então imediatamente: "Avante o próximo! A quem cabe agora! Vamos, moleque/moleca", convites que foram o prelúdio na luta seguinte, o tempo era precioso e

---

[1] É uma expressão onomatopaica. Em inglês, nas histórias em quadrinhos, se escreve *tap, tap, tap*, para significar o gesto que se faz com a mão nas costas para tranquilizar uma pessoa. Difícil, se não impossível, de traduzir, sendo o mais próximo: *puf, puf, puf* ou *plec, plec, plec, plec*! [N.T.]

os compromissos seguiam-se bem na hora, não acontecia que a meia hora marcada para cada compromisso fosse ultrapassada. Era uma pontualidade desconcertante em todas as ocasiões, e sua proverbial rigidez expressava-se duramente quando alguém chegava atrasado.

Pe. Amorth, em sua longa vida, não apenas entrou em conflito com o Demônio. Partilhava também os dias com santos e santas, oficiais ou não, e com figuras importantes e significativas da Igreja do seu tempo, que lhe mostravam amizade, afeto e apoio.

> Citei primeiro – acrescenta Elisabetta Fezzi – o bem-aventurado Pe. Alberione e o venerável Pe. Amantini, Pe. Lamera e irmã Brunetti, cujas causas de canonização ainda não começaram, mas que viveram e morreram com fama de santidade. Não posso, porém, esquecer que Pe. Gabriele era filho espiritual do Padre Pio de Pietrelcina, a quem visitou por cerca de 26 anos; que conhecia bem Madre Teresa de Calcutá; que se encontrou repetidamente com o papa João Paulo II e que trabalhou lado a lado e foi amigo do venerável Giuseppe Lazzati. Ele conheceu Santa Bakhita em Modena e era amigo da família da serva de Deus mamãe Nina (Marianna Saltini, fundadora das Filhas de São Francisco): no dia da ordenação de Pe. Gabriele, ela estava presente. Não sei se conheceu também Pe. Zeno Saltini, cujo processo de canonização está aberto, mas é provável.
>
> Eu me pergunto se frequentar todos esses santos não tenha algo a sugerir também sobre a santidade de Pe. Gabriele: é possível que tenham sido apenas encontros fortuitos? Ele os teria frequentado tão assiduamente e por tanto tempo, se o Senhor também não tivesse moldado sua vida, como a deles, para sua maior glória? Os santos se reconhecem? A resposta me parece óbvia.

Não há dúvida de que, para as pessoas atribuladas que o conheceram, também Pe. Amorth é considerado um santo; ficou evidente quando seu corpo foi exposto após sua morte e em seu funeral; o povo de Deus o cercou de carinho, rendendo-lhe enorme homenagem. Não era mais preciso procurar o exorcista, era para recomendar-se à intercessão de um santo.

Nos últimos dias de sua vida, ele carregou a cruz do sofrimento com fé e resignação cristã. Mostrando outro rosto de si, até então desconhecido, mas igualmente convincente, do jornalista, do mariólogo, do exorcista. O doente, fraco e frágil, total e definitivamente nas mãos de Deus, das curas, das pessoas mais queridas, amigos e coirmãos paulinos.

Na sua doença, estava sereno, aceitava tudo, não se zangava, apesar da sucessão de infecções hospitalares cada vez mais debilitantes, aceitou até o fim, sem nunca se lamentar. Nos últimos tempos, quando esteve internado no Santa Lúcia, já não conseguia falar, mas estava presente e alerta. Um dia chamou Cristina com a mão e apontou para um ponto da sala, mas não havia nada. Ele continuou apontando, então Rosa lhe perguntou: "Pe. Amorth vê Jesus?". E ele acenou que sim.

Pe. Gabriele sempre disse que quem tem dons deve mantê-los escondidos, e é possível que ele os tivesse, mas, em sua grande confidencialidade, não fazia menção deles. Isso é bastante evidente para aqueles que o acompanharam durante anos nos exorcismos. Acontecia que falava sobre coisas e fatos que não podia saber: "Tens que afastar a amiga que está sempre ao teu redor porque ela é negativa". Ou: "Quando essa pessoa te liga, tens que desligar imediatamente, não precisa falar com ela". Essas saídas realmente estranhas pareciam luzes do Espírito Santo, mas dificilmente saberemos algo mais a esse respeito, não deixou diários ou notas e não contou a ninguém sobre isso.

É uma pena não ter seus escritos, seriam preciosos e poderiam nos ajudar a entender melhor o homem, sua vida e sua espiritualidade. Lembro-me de pedir-lhe para escrever seu testamento espiritual, ele me disse que pensaria nisso. Pensei que ele tinha esquecido, porque não me respondeu por algumas semanas. Seria estranho se tivesse esquecido, exatamente ele que nunca esquecia nada, mas agora estava envelhecendo e às vezes errava algumas braçadas. Inesperadamente, me escreveu uma carta, rigorosamente à mão, como costumava fazer, dizendo-me que sentia que não tinha nada a acrescentar ao que já havia me falado sobre si mesmo e que havia escrito em seus numerosos livros e pregado em suas frequentes homilias. Falando de humildade: Pe. Gabriele não sabia o que deixar em um testamento espiritual, acreditava que não tinha nada para deixar para a posteridade. Parece-me que essa é uma mensagem de clareza desarmante, que merece uma reflexão cuidadosa.

Não vamos esconder, ele era um homem extraordinário. Se não tivesse escapado da política para entrar nos Paulinos, poderia ter tomado o lugar de Andreotti. Se Pe. Alberione não o tivesse impedido, poderia ter sido nomeado para algum cargo no Vaticano, talvez se tornando bispo. Se não houvesse contratempos, teria se tornado assistente espiritual da Universidade Católica. Poderia emergir em qualquer aventura humana, de trabalho ou pastoral que tivesse empreendido.

Em vez disso, ele simplesmente permaneceu um paulino, um grande paulino. Tornou-se um exorcista, um grande exorcista. Foi o pai de muitos sofredores rejeitados por todos, um grande pai. Manteve sua humanidade. Amou a Deus, as suas criaturas e a vida. E eu o conheci.

**Muitos que não o conheceram o consideram *apenas* um exorcista, embora o mais famoso. Ele era muito mais, como fica evidente nesse retrato de quem o frequentou, seguiu e escutou. Um homem com muitos carismas, que poderia ter ocupado cargos de prestígio e poder na Igreja. Deixou Deus, Nossa Senhora, seu anjo da guarda agirem. Permanecendo**

um padre simples e humilde, inimigo número um do Demônio, amigo dos santos e de santos. Ele permaneceu até o fim na trincheira mais exposta da fé, aquela onde lutamos para arrebatar almas das mãos, da fronteira do bem e do mal, daqui a salvação, de lá a perdição eterna. Impediu que muitos acabassem para sempre nas mãos do Demônio, trazendo-os de volta para o abraço amoroso de Deus, confiando somente nele e em sua Mãe: *Sub tuum praesidium confugimus, sancta Dei Genitrix.* Sob o seu manto encontramos refúgio seguro, santa Mãe de Deus. Nunca as palavras foram mais verdadeiras. Nunca a oração foi mais genuinamente sincera.

# XVI
# UM GRANDE CABEÇUDO, UM GRANDE BRINCALHÃO

O paulino Pe. Gino Valeretto esteve próximo dele nos últimos anos, até o fim. Ele recorda:

> Conheci o padre Amorth quando entrei nos Paulinos e sou um dos poucos Paulinos que tiveram aula de exorcismos com ele, porque, durante meus estudos de liturgia, pedi especificamente para poder frequentar. Fui superior da comunidade em que viveu nos últimos anos de sua vida.
>
> Pe. Amorth fazia parte do panorama dessas casas porque viveu aqui por anos; desde que chegou a Roma, não mais se mudou. Sempre o vi careca, só quando vi as fotos da sua ordenação vi como ele era com o topete. Irreconhecível!
>
> Conheci-o ainda jovenzinho e, pela primeira vez, me tornei superior justamente no momento em que era preciso administrar a reforma da ala onde ele morava, chamada *cem celas* por causa das pequenas janelas. Naquela ocasião, ele me explicou que nunca havia saído daquele quarto: estava lá há 50 anos. Eram quartos pequenos, mas com banheiro privativo e um pouco de biblioteca. Apenas quatro fileiras de livros entravam, ele me disse que o critério era que, para cada livro que entrasse, um tinha que sair; então havia um grande turno e não guardava nada. Era um bom exercício guardar apenas as coisas importantes, ele não se apegava a objetos, jogava fora.
>
> Quando morreu, havia muito pouco dele, nos últimos tempos oferecia tudo; e também vi seu arquivo, que continha

apenas uma pasta minúscula. Este é um pouco do limite na reconstrução de sua história humana.

Ele era muito reservado e tinha uma memória formidável, então não sentia necessidade de escrever e quase não há nada de autógrafo. Quando, doente e turbulento, convenci-o a ir ao hospital por alguns dias para fazer exames, ele me pediu para ligar para uma pessoa que deveria ver no dia seguinte. Em seu diário, havia três pessoas com esse nome, sem sobrenomes. Disse-me para qual ligar. Ele tinha 90 anos e estava prestes a entrar no hospital! Aqui está a medida de sua memória e sua lucidez, mesmo no último período. Era muito decidido e determinado, mas também muito paterno, e nos últimos anos tinha-se tornado como um avô que gostava dos netinhos.

Pe. Valeretto, vivendo com ele, conhecia seus traços humanos mais íntimos e sinceros, para além de sua presença pública. Forças e defeitos como todos os outros, conhecimentos e limitações, grande fé, desapego das coisas materiais, severidade absoluta nas questões de fé, franqueza emiliana, simpatia e alegria brincalhona. Um homem forte, em suma, contra quem Satanás lutou por trinta anos sem nunca vencê-lo ou derrubá-lo.

Sempre brincalhão, exceto no último ano, quando se controlava mais – disse –, abrindo mão do gosto por piadas fortes ou provocativas. Como quando repreendeu os bispos por não nomearem exorcistas, exagerando para alguns. Conversamos sobre isso, ele me explicou que sua censura foi feita sob medida: nenhum bispo poderia tê-lo repreendido, porque há uma regra específica de direito canônico que exige a nomeação de um responsável do ofício litúrgico, um exorcista e outras figuras; portanto, os bispos que não o fizeram estavam em violação das normas. Como um grande comunicador, ele disse isso de uma forma alegre, mas muito séria e muito centrada.

Além disso, é preciso sempre distinguir entre o que se dizia que ele disse e o que ele havia dito verdadeiramente. Não falava sobre certas coisas: podiam cutucá-lo, provocá-lo, mas só dizia o que lhe interessava. Era um jornalista completo, nem ingênuo nem inexperiente. Muito bom na fala, media as palavras e o ambiente, adaptando sua pregação ao contexto em que se encontrava. Não nos esqueçamos de que ele veio do meio jurídico, mesmo não sendo advogado, não tendo feito o exame de Estado, e depois, como padre, estudou direito canônico; então ele conhecia bem as leis.

Nos últimos anos, foi um pouco difícil manter-se atualizado. Por exemplo, tivemos que alertá-lo sobre as novidades do direito canônico: agora, para dar entrevistas públicas, um religioso deve notificar o superior provincial, ou o bispo, se for padre diocesano. Ele estava acostumado a falar livremente, pelo menos uma vez por mês recebia repórteres de televisão de todo o mundo e, infelizmente, poucos forneceram as gravações: uma herança que se perdeu. Ele tinha uma voz perfeita para a mídia: timbre inconfundível, palavras muito compreensíveis, isso também explica o sucesso extraordinário que teve na Rádio Maria.

Ele era não apenas preciso, mas também pragmático em suas declarações, às vezes lapidar. Sua capacidade auditiva tinha caído muito ultimamente. Quando chegou a hora de reformar o aparelho auditivo que usava, sobretudo para as teleconferências da Rádio Maria, aumentando o volume, rebelou-se: "Eu faço exorcismos e o diabo grita, não preciso aumentar o volume".

Há exorcistas que têm dons particulares, e é mais fácil para eles entender o que está acontecendo em tempos difíceis. Pe. Amorth não tinha dons especiais, embora sua experiência fosse impressionante. E não devemos esquecer a graça de estado: era exorcista, e o Senhor deu-lhe os dons necessários, também porque tinha levado muito a sério a sua missão. Assim, certamente recebeu do Senhor a graça para o seu ministério: fato que, porém, tecnicamente, não pode ser considerado um carisma. Nos últimos tempos, mesmo que ele negasse, observei algo a mais. Lembro-me de um exorcismo em que estava presente uma pessoa da Suíça alemã, acompanhada por um padre. Durante a oração, Pe. Gabriele pronunciou o nome de um diabo que usualmente nunca nomeava: ou na sua grande experiência tinha reconhecido sintomas, ou tinha algumas inspirações, e, na minha opinião, ele as teve. Nos últimos dias da doença, muitos presentes sustentaram que via Jesus e Nossa Senhora. Que nos apontasse para algo sem poder falar era certo, mas o que ele estava vendo não podíamos saber. Só recentemente, no entanto; antes, nunca deixara nada vazar. Eu o cutuquei muitas vezes, mas, apesar de confiar em mim, ele não se abria.

Tinha pouquíssimas amizades, é difícil dizer quais eram verdadeiras e quais eram mais ou menos interessadas. Eu o frequentava quando ele já era velho e posso dizer que não havia mais amigos próximos. Mantinha forte relacionamento com seus companheiros de ordenação e enviava saudações a todos nos aniversários. Na verdade, todos se dizem amigos dele, mas acho que a única em quem ele realmente confiava era Rosa. Companheirão com todos, mas amizade é outra coisa. Afinal, certo isolamento também é normal com seu tipo de encargo.

Uns dois meses antes da hospitalização, fui falar com o provincial porque muitos se referiam a ele, mesmo sem autorização para falar ou escrever em seu nome. Houve quem se passasse por amigo íntimo sem o ser. É bem sabido que pessoas de todos os tipos brotam em torno de pessoas famosas. Infelizmente, Pe. Gabriele era muito ingênuo e, a quem lhe pedisse, ele enviaria uma carta de apresentação, favorecendo, assim, personagens com quem não tinha nada a ver e que aproveitavam ao máximo. Em sua ingenuidade, dava muita confiança, mesmo sabendo que estava sendo usado. Pensava: "Eu confio em ti, se me traíres, eu retiro a confiança". O problema é que nem sempre teve tempo de descobrir alguma traição.

Pe. Amorth deixou algum sucessor? Ele foi, pode-se dizer, uma espécie de fundador, ou refundador, do exorcismo na Itália e além. Em suma, um líder que deixa um vazio em sua morte.

> Não, não existe um sucessor. Seria como dizer que ele foi do padre Cândido, e isso não é correto. Especificamente, sim, porque ele passou os doentes para ele, mas eram duas pessoas muito diferentes, que agiam de maneira diferente. Basta dizer que a regra do padre Cândido era: "Nada se diz à imprensa, zero. Tudo o que a Igreja diz é suficiente". Pe. Amorth era exatamente o oposto.
>
> Exemplar na obediência, apesar da liberdade de que gozava devido aos seus numerosos compromissos, administrava o tempo e as viagens, respeitava o superior, embora prestando contas apenas ao provincial e ao geral. Ele manteve essa independência mesmo na velhice, às vezes eu tinha que chamá-lo de volta à ordem, muito delicadamente.
>
> Não foi fácil mantê-lo na enfermaria, acostumado como estava à sua liberdade. Nos últimos anos, ele teve que ser levantado e colocado na cama, não lhe foi permitido fazê-lo sozinho porque havia caído várias vezes, com tempos de recuperação muito longos. Ele disse: "Eu entendo que não posso fazer o contrário, então tu tens que jogar um bom jogo com má sorte. Quando me colocam de pé, eu faço o que quero; quando me colocam na cama, eu obedeço e faço o que eles querem". No entanto, ficava impaciente por ir para a cama cedo, considerava-o tempo perdido e, principalmente aos sábados, ou quando tinha alguma reunião, saía, com a ordem, quase nunca respeitada, de voltar em determinado horário. Nós o repreendíamos porque tínhamos que fazer isso, sabendo que, quando ele estava ocupado, não parava por nada, e quando era repreendido, ficava muito calmo, não fazia uma ruga. Era um grande cabeçudo e não se desencorajava por nada, se fazia cuidar, mas não desistia de seus compromissos.

> Foi uma luta sem fim: como seu superior, tinha de contê-lo e refreá-lo, sabendo muito bem que não era possível. Também porque pará-lo completamente significaria matá-lo.
>
> Lembro-me da última repreensão como superior. Em um fim de semana, duas freiras foram vê-lo. Pe. Gabriele estava um pouco relutante, disposto a não fazer exorcismos na enfermaria. Mas elas insistiram, então ele começou suas orações, e a freira jovem se jogou no chão, gritando. Ele imediatamente suspendeu, mas evidentemente houve perplexidade entre os doentes. Tive que repreendê-lo, mas eu sabia que não era culpa dele. Sempre me dizia: "Hoje ser superior é uma coisa difícil", tendo pessoalmente sentido um grande choque quando foi delegado provincial.

No mundo paulino, todo dedicado ao serviço da comunicação e da difusão do Evangelho com os meios mais modernos, um exorcista poderia parecer – e certamente pareceu – fora do lugar, uma espécie de corpo estranho que acabou ali por acaso. No entanto, a convivência nunca cessou, e certamente Pe. Amorth nem imaginou separar-se de sua família religiosa, ligado como tinha sido ao *Primeiro Mestre* Pe. Alberione. A história de Pe. Valeretto continua:

> Nenhum superior jamais o proibiu de ser um exorcista, apesar do fato de que, entre nós, houve muito descontentamento com sua nomeação. Por outro lado, nem ele nem os superiores podiam imaginar o que aconteceria com esse encargo, não tendo experiência de exorcismos. Mas logo se tornou um problema, pois uma enxurrada de pessoas queria conhecê-lo, e ele, inflexível, recebia apenas com hora marcada. Sempre foi assim: quando se soube que ele estava internado, apareceram cinquenta pessoas na enfermaria no primeiro dia. Para protegê-lo, tivemos que trancá-lo. No entanto, ele nunca deixou que a desaprovação da comunidade o detivesse: "Digam vocês o que quiserem, eu vou adiante".

No início de seu sacerdócio, não sabia nada sobre exorcismos; aliás, ele não acreditava, por nada e, como era muito honesto, confessava a quem lhe perguntava: "Eu não seguia essas coisas antes, eu realmente não acreditava nelas". Naturalmente, conhecia a teologia, que fala explicitamente do Demônio, mas era um pouco cético, como todo mundo. Para a revista *Madre di Dio*, foi entrevistar o padre Cândido e, ao vê-lo em ação, se interessou e se apaixonou, passando a acompanhar sistematicamente os exorcismos na *Scala Santa*. O cardeal Poletti, então, o nomeou quase clandestinamente, sem registro da cúria. Assim, durante dez anos, foi exorcista sem o ser oficialmente, embora nunca tenha sido um problema, porque todos sabiam que havia sido nomeado por Poletti.

Naqueles anos, o padre Gian Battista Perego, provincial paulino, tinha um grave problema: a revista *Madre di Dio* se tornara o escudo de Medjugorje, causando reações negativas dos bispos, que eram contra dar muito espaço a aparições ainda não reconhecidas pela Igreja. Na ausência, porém, de quaisquer pronunciamentos oficiais contrários, Pe. Gabriele decidiu seguir em frente. E os bispos pediram sua cabeça a Pe. Perego. Naquela época, ele já se dedicava muito aos exorcismos, e a revista sofria com isso, então ele teve de ligar para ele e pedir-lhe que escolhesse: a revista, com menos Medjugorje, ou exorcismos. Pe. Amorth confessou-me que havia escolhido os exorcismos, também porque não estava disposto a desistir de Medjugorje. Assim, Pe. Perego aceitou sua escolha, mas pediu-lhe que regularizasse seu cargo na cúria, para receber também o salário devido aos que ocupavam cargos oficiais. Então ele foi oficialmente registrado na lista de exorcistas. Tendo obedecido mais uma vez, e como sempre, a seus superiores paulinos.

Às vezes, ele poderia parecer superficial por causa de suas piadas. Não era nada. Muito atento no falar. Verdadeiramente excepcional com as pessoas que estavam mal: "Quem vem até mim está assustado e desorientado, então não tenho que assustá-los ainda mais, mas encorajá-los, fazer piadas, brincar. Isso os faz sentir-se acolhidos e tranquilizados". Estava em seu caráter, como confirmado pelas Anunciatinas anciãs, que muitas vezes me falavam sobre suas piadas. Ele fez um cuco para desdramatizar, não porque não percebesse os problemas, mas apenas para não aumentar o medo.

Durante os exorcismos, ia adiante como um trem. O diabo estava tentando fazê-lo perder tempo com piadas, brincadeiras e perguntas. Mas ele nunca parava, poderia dizer qualquer coisa. Prosseguia implacável. Lembro-me de uma vez que o diabo lhe disse: "Eu te destruo". Ele parou e, com muita calma, perguntou: "E por que você não faz isso?". "Porque Aquela ali te protege". "Ah, sim?", ele respondeu. E continuou com a oração sem perturbar-se, como se tivesse ouvido a coisa mais óbvia do mundo. Que ele fosse protegido por Nossa Senhora era um dogma, era óbvio.

Embora não se gabasse disso, sempre guardava em seu quarto a medalha de bravura militar recebida como partigiano. Sempre dizia com muita simplicidade: "Senti as balas assobiando ao meu lado, Nossa Senhora me protegeu, porque não sei como escapei". Ele se considerava um miraculado.

Também era muito regular na oração, e isso fazia a diferença: naqueles momentos, ninguém podia perturbá-lo, por nenhum motivo. Certamente ele sempre foi muito devoto do rosário. Mesmo no final, quando íamos visitá-lo e estávamos conversando, a certa altura ele levantou o punho com o terço, que sempre segurava na mão, e tivemos que começar a rezar; ele não admitia desculpas. Morreu com o rosário na mão, não o largou um só momento, mesmo quando já não estava consciente. É difícil dizer se ele sabia que o segurava ou se foi um gesto automático: no entanto, ele nunca o soltou.

Homem de oração, portanto, bem como de ação. Capaz de recarregar as baterias do espírito isolando-se na conversa com Deus e na oração mariana por excelência, o rosário de

Pai-nosso, Ave-Maria e Glória, repetidos mil e mil vezes, com a mesma fé da primeira vez. A oração é o combustível da ação de Pe. Amorth contra o Demônio e as suas tramas. Quem sabe o quanto a oração daquele homem teimoso e combativo irritou Satanás. Quem sabe quanto desejo de fazê-lo pagar por todas aquelas almas arrancadas de suas garras.

> Pelo que sei – acrescenta Pe. Valeretto – Pe. Gabriele não teve perturbações do diabo; mas que ele queria fazê-lo pagar não há dúvida, com todo o aborrecimento que lhe deu. No último período, acho que ele teve algumas dificuldades. Na verdade, me pediu para recitar para ele uma antiga oração em latim, que agora desapareceu do ritual de bênçãos. É a despedida da alma: na verdade, um exorcismo que afasta o inimigo porque, mais frequentemente do que se pensa, quando a morte se aproxima, o diabo vem tentar.
> 
> Penso que o texto mais bonito para ler sobre esse assunto se encontra no breviário para São Martinho de Tours, que diz: "O que tu fazes aqui? O que vens perturbar tu que não tens nada para fazer?". Na tradição espiritual, falamos da morte como agonia, a última agonia, que tecnicamente é o combate: e a última luta é aquela com Satanás. Segundo a espiritualidade medieval, é o diabo que vem tentar no último momento, no fim da vida; por acaso, acompanhei confrades que claramente sofreram o assalto final do Demônio. Com outros, só pude intuí-lo. Para alguns santos, diz-se que os últimos momentos são calmos e tranquilos, na visão das coisas belas; mas, por outro lado, também pode haver um ataque final vitorioso.
> 
> Para Pe. Gabriele, não vi nenhum sinal de ataques particulares. Mas ele estava no hospital e, embora eu fosse vê-lo todos os dias, só o encontrava por breves momentos; não posso dizer o que acontecia com ele pelo resto do dia ou durante a noite. As pessoas doentes geralmente são deixadas sozinhas à noite, então, se algo acontece com elas, ninguém pode saber.

No entanto, não notei nenhum sinal de medo invencível, ele sempre se manteve muito calmo. Pedir uma oração é como dizer: estou doente, me dê um remédio. Repetiu muitas vezes que, do céu, ajudaria todos os exorcistas, intercedendo por eles. E posso dizer que, depois de sua morte, à invocação de seu nome, o diabo mostrava uma reação irada.

De qualquer forma, mesmo que eu não saiba o que ele sentiu, me pediu a oração e tive que procurar o texto em latim em casa. Ele também queria outra, mas não consegui descobrir qual, certamente também em latim, uma língua da qual ele tinha grande prática, como todos os de sua geração, ao contrário de mim e da minha geração.

# XVII
# OS SANTOS POR AMIGOS

Faleceu em Roma, no dia 16 de setembro de 2016, estando doente desde 2010. Aos 91 anos de idade, 69 de vida paulina, 62 de sacerdócio, 30 de exorcismo. Vida longa e intensa. Do lado justo, o de Deus. Tomou à letra São Paulo, que Pe. Alberione quis que fosse pai e patrono de sua família religiosa. Seguindo o exemplo do apóstolo dos gentios, ele *combateu o bom combate*. E isso não é um eufemismo. Realmente lutou, todos os dias. Não contra um inimigo virtual, não: precisamente, contra o próprio Satanás em pessoa e todos os seus demônios. Ainda mais, tomando o próprio Jesus em sua palavra, quando ordenou expulsar demônios, tendo aceitado a primeira linha, sem jamais desertá-la. Tantos devem a ele gratidão e salvação. Padres, bispos e papas não podem desperdiçar seu exemplo e seus ensinamentos, mas apropriar-se deles como de um tesouro. E todos nós, provavelmente, teremos que reconhecer o mal, chamá-lo pelo nome, enfrentá-lo, combatê-lo: Satanás existe, muitos o encontram. A Igreja, um dia, deverá investigar as virtudes de padre Gabriele Amorth.

> Alguém se pergunta – acrescenta Pe. Valeretto – por que o enterramos no Cemitério Laurentino e não o deixamos aqui perto de Pe. Alberione, na casa geral dos Paulinos. A primeira resposta está nas normas vigentes, para as quais eram exigidas as autorizações do vicariato e da polícia. A segunda é que preferimos não fazer diferenças com outros confrades para

os quais a causa de beatificação começará em breve. Mas, se um dia for útil ou necessário, veremos. Quem o conheceu já o considera um santo.

Eu lhe quero bem e o conheço, porém a santidade é um dom de Deus, além do que nós pensamos. Há pessoas de uma santidade excepcional, mas que não se tornam santos do calendário; e outros, talvez menos exemplares, mas reconhecidos pela Igreja, porque o Senhor tem seus desígnios. Em Cinisello Balsamo está o corpo do beato Carino, que matou Pedro, o Venerável, nos bosques de Concorezzo, depois se converteu, tornou-se frade dominicano e foi beatificado, mesmo sendo assassino, porque assim o Senhor dispôs. Devemos ter cuidado ao falar de santidade, pois usamos ferramentas humanas, sempre limitadas.

A nossa memória é curta, parcial: dizemos, por exemplo, que João Paulo II viajou mais do que qualquer outro papa. Isso não é verdade. Em proporção, Paulo VI fez mais pelo tempo que viveu, com menos atenção por parte da mídia. Da mesma forma, dizemos que Pe. Amorth é o paulino mais famoso do mundo; mas, se compararmos sua fama com a de Pe. Alberione, e considerarmos os dois ministérios diferentes e a ausência das televisões na época do Primeiro Mestre, descobrimos que a afirmação não é tão correta. Ainda no tema da santidade vista com os olhos de Deus, nós, Paulinos, devemos seguir as prioridades. E, a meu ver, antes de Pe. Gabriele, há outros candidatos à santidade, como Pe. Dragone e irmã Ermínia, uma grande mística, muito próxima de Pe. Amorth.

A santidade existe quando Deus intervém diretamente e seu dom prevalece sobre a dimensão natural. Em Pe. Alberione, por maior que fosse o dom, e por mais que tentasse escondê-lo, a dimensão humana e o esforço individual eram muito evidentes. Por outro lado, em Pe. Dragone, Pe. Lamera e irmã Ermínia, a intervenção divina foi superior à parte humana. Pe. Amorth é mais parecido com Pe. Alberione, não para diminuir sua santidade, mas para esclarecer as diferentes tipologias. O fato de Pe. Gabriele ter relações tão próximas com tantos santos nos faz refletir, e não reconhecê-lo significa não querer ver os sinais e desígnios de Deus.

Muitos acreditam que Pe. Amorth é um santo. Certamente, aqueles que ele libertou de Satanás. Chama-se "fama de santidade". É o sentimento sincero de quem tocou com as mãos a grandeza humana e espiritual de uma pessoa, permanecendo fascinado, conquistado, contagiado. Aconteceu – e ainda acontece, se Deus quiser – em muitos casos, inclusive recentes. Sempre acontecerá, porque certamente Deus nunca deixará que à Igreja e ao mundo faltem santos. Obviamente, outra coisa é a canonização, ou seja, o reconhecimento oficial e definitivo da santidade de uma pessoa, após um longo, meticuloso e minucioso processo canônico.

Pe. Valeretto explica ainda:

> Há algum tempo, era necessário esperar quarenta anos após a morte para poder iniciar o reconhecimento de um santo. O longo tempo servia para reduzir o impacto emocional e deixar as coisas realmente importantes emergirem. Cinco anos é o suficiente hoje. Anteriormente, a fama de santidade contava e as testemunhas eram secundárias, também porque, depois de quarenta anos, não era tão fácil encontrá-las vivas, e há muitos santos que foram bloqueados por esse motivo. Agora, o processo canônico depende muito mais das testemunhas.
>
> Sobre Pe. Gabriele se deverá indagar a fundo, porque ele não era apenas um exorcista. Pe. Alberione confiou-lhe tarefas muito delicadas, que ele realizou com total dedicação, como podem testemunhar as Anunciatinas e os Gabrielinos. Talvez nem todos estejam interessados, mas se nosso fundador confiava tanto nele, deve ter tido bons motivos. Havia um vínculo muito forte entre eles, uma relação muito próxima, afetuosa, e Pe. Gabriele guardava

lembranças extremamente comoventes. Por exemplo, entre 1959 e 1970, os dois se viam a cada dois ou três dias, e, pelo menos até 1969, faziam os exercícios espirituais juntos, em Ariccia. Mas, nos últimos tempos, o fundador não conseguia mais andar. Ele era pequeno e magro, e então Pe. Gabriele o tomava nos braços para movê-lo de um lugar para o outro, e, antes de assentá-lo, também lhe dava um beijo na testa, expressando uma enorme intimidade, ternura e confiança. Não sei quantos outros confrades teriam ousado tanta confiança em Pe. Alberione, um piemontês antiquado de caráter afiado e autoritário, bastante desconfiado. Não que isso poupasse Pe. Amorth das repreensões, mas havia realmente uma grande e terna afeição. A confiança e a estima eram recíprocas.

Não deixou testamento espiritual porque não achava que ia morrer tão cedo: nós o internamos para exames, e ninguém imaginava que estivesse no fim. Apesar da idade de 91 anos, ele ainda era extraordinariamente ativo, até onde sua força permitia. Tinha uma pneumonia por aspiração (*ab ingestis*): assim chamada quando, devido ao mau funcionamento da epiglote, partículas de comida ou bebida acabam nos pulmões, se decompondo e gerando uma inflamação perene que, no seu caso, causava uma tosse contínua. Nós o internamos para entender como resolver o problema, talvez com um pouco de fonoaudiologia para reeducar sua garganta. Então ele foi para o hospital por alguns dias, porque esses eram os acordos com os médicos, que depois se tornaram uma semana. Mais tarde, ele teve uma primeira infecção intestinal, da qual se recuperou, embora um pouco enfraquecido. Depois, duas infecções pulmonares seguidas, e ele ainda se recuperou.

Então nós o transferimos para o Santa Lúcia, porque precisava de assistência contínua, 24 horas por dia, e nós em casa não podíamos garantir isso. Mais tarde, teve duas graves crises respiratórias, um ressuscitador conseguiu salvá-lo e foi decidido transferi-lo ao Gemelli, onde fizeram todo o possível, mas já estava tão fraco que não aguentava mais. É difícil dizer o quão consciente ele estava nos últimos dias: não conseguia mais falar, porque sua garganta estivesse muito dolorida; as últimas palavras que o ouvi dizer foram: eu te quero bem. Então ele foi entubado e viveu por algumas horas, enquanto seu grande coração resistiu.

# XVIII
# HERANÇA

O funeral realizou-se no dia 19 de setembro de 2016, na igreja da casa generalícia dos Paulinos, na rua Alessandro Severo, em Roma: é o grande santuário *Regina Apostolorum*, querido por Pe. Alberione. Uma grande multidão comovida, dezenas de sacerdotes no altar, lágrimas sinceras.

Pe. Stefano Stimamiglio, secretário-geral da Sociedade de São Paulo, faz a homilia de despedida. Entre outras coisas, ele diz:

> Hoje, não queremos lamentar tua morte. Tu não gostarias. Agora, para desdramatizar, nos dirias, de acordo com teu estilo: "Companheiro belo, companheira agradável, o que é esse ar de funeral? Jesus não está feliz! Festejai, porque finalmente encontrei meu Senhor, e aqui é festa. E que festa!" [...].
>
> Pensamos em ti imerso no amor de Deus, aquele Deus que serviste fielmente como sacerdote desde tua ordenação, em 1954, e a quem buscaste desde a infância. Mas tu, procurando por Ele, sempre o serviste. Mesmo quando, ainda jovenzinho, te sentiste chamado a defender o povo italiano, a nossa pátria, como partigiano, arriscando tua vida. Sim, porque, como diz o apóstolo Paulo, o cristão, o homem de Deus, o pastor, está disposto a arriscar e perder a vida pelo irmão, pois sabe que não tem nada a perder, porque ganhou Cristo. Isso é tudo. E tu, como bom paulino, isso o sabias bem e o vivias.
>
> Mas serviste ao Senhor mesmo quando te envolveste na vida política, com pouco mais de 20 anos, seguindo os passos de teu

pai Mario. Viste o rosto resplandecente do Senhor nos homens de Deus e nos santos que conheceste quando jovem: aqueles empenhados na política (os Servos de Deus Giorgio La Pira e Alcide De Gasperi, o Venerável Giuseppe Lazzati, Giuseppe Dossetti); os consagrados a Deus na Igreja: São João Paulo II, São Pio de Pietrelcina, Beato Tiago Alberione, Venerável Mamãe Nina, mãe do seu querido amigo paulino Pe. Franco Testi, Pe. Zeno de Nomadelfia e quem sabe quantos outros.

Mas tu, o rosto do Senhor Jesus o cruzaste por muitos anos, desde 1985, sobretudo nos olhos e rostos marcados pela dor de uma categoria de pessoas perturbadas na história, que Jesus amou: os endemoniados, os perturbados por doenças do espírito, os incrédulos, os doentes psiquiátricos, que bateram à tua porta aos milhares, pedindo ajuda e conforto. Eles também são os *anawim*, os pobres de Israel, a quem Jesus olhou com compaixão, amando-os e libertando-os. E continuaste a fazê-lo por muitos anos também através de teu trabalho como exorcista da diocese de Roma.

Hoje, um grande vazio se abre para nós, mas a história bíblica nos ensina que todo grande homem de Deus deixa uma herança a ser recolhida quando morre. [...] E teus herdeiros, caro Pe. Gabriele, somos todos nós.

Nós, Paulinos, e todos os membros da Família Paulina herdamos de ti o amor por aquele que nós chamamos de *Primeiro Mestre*, ou seja, o Beato Pe. Alberione, nosso fundador. Conheceste de perto sua força espiritual, santidade, amor a Jesus, Divino Mestre [...].

Nós, sacerdotes, herdamos de ti, que foste pai de muitos, o sentido da paternidade. Em um mundo que perde as identidades, que torna todos cada vez mais indivíduos autônomos e autorreferenciais, atemporais e sem espaço, sem memória do passado ou expectativa de futuro, ser pai é sinal de profecia. Foste um pai para muitos, ensinando-nos que a paternidade significa compadecer, ajudar, admoestar, dar esperança para o futuro, encorajar, comunicar com gestos e palavras que somos todos filhos do único Pai, que nos salvou no Filho. Ser pais, tu nos ensinaste, significa amar.

Aos teus tantos colegas exorcistas tu deixas tua experiência, teus conselhos, o conforto de um ministério emocionante, mas difícil, cansativo, oculto, muito precioso, mas nem sempre compreendido e apreciado. Eles tiveram em ti um mestre, um exemplo de soldado na luta contra Satanás, equipado apenas com as armas do Espírito, como ainda lembra o apóstolo Paulo: o cinto da verdade, a couraça das obras justas, as sandálias da prontidão para anunciar a mensagem de paz do Evangelho, o escudo da fé com o qual extinguir os dardos inflamados do Maligno, o capacete da salvação, a espada do Espírito Santo, isto é, a Palavra de Deus. Agradecemos-te porque é graças aos teus livros, às tuas entrevistas, à tua insistência em todas as ocasiões oportunas e não oportunas, que o número de exorcistas aumentou na Igreja, mesmo que não seja como gostarias. É graças ao teu ser comunicador paulino que tantos irmãos sacerdotes exorcistas puderam se formar em um assunto tão difícil e delicado. Pedimos-te que os protejas e os encorajes do céu, para que perseverem no seu precioso serviço em favor do povo de Deus. E te pedimos para assistir os tantos ajudantes leigos (colegas de Rosa, o teu histórico *braço direito* ao longo de tantos anos), que heroicamente dedicam o seu tempo a essa obra de misericórdia espiritual.

Os teus amigos tribulados no espírito herdam de ti o sentido da esperança cristã. [...] Deus faz novas todas as coisas, faz nova a nossa vida. Quem viveu a libertação dos efeitos malignos do Demônio experimentou isso na primeira pessoa. Aqueles que ainda estão a caminho sabem que o Inimigo do homem, o diabo, não terá jamais a última palavra, e também sabem bem que ele não pode nos provar além de nossas forças. [...] A última palavra só a tem Cristo, o Senhor: é a cruz que salva (*Ecce crux Domini*, *Eis a cruz do Senhor*, lê-se no ritual dos exorcismos). Cruz não significa morte, mas vida. Esse é o sentido último da esperança cristã. Esse é o significado da revolução cristã que viveis em vossa carne.

O povo de Deus herda muitas coisas de ti. Em primeiro lugar, o espírito das bem-aventuranças [...]. Pobreza de espírito (não se sentir grande), mansidão, sede de justiça, misericórdia, pureza de coração, ser pacificador, ser perseguido ou afligido ou insultado... Para o mundo são loucura, estultícia da cruz... Mas, para aqueles que são salvos, é poder de Deus. Descobrir a paz e a alegria no sofrimento, também naquele terrível da possesão diabólica, fazer a experiência da vida dentro da morte: eis o desafio do cristão que tu, Pe. Gabriele, aceitaste viver e sofrer em teus muitos acontecimentos entre nós [...].

Mas a comunidade dos fiéis também herda o sentido trágico do pecado, que a nossa cultura contesta ou ridiculariza, e a memória do julgamento sobre nossa vida que cada um de nós viverá no último dia diante de Deus. Lutaste longamente, corpo a corpo, com o Demônio, caro Pe. Gabriele, isto é, contra as manifestações extraordinárias de Satanás; mas não deixaste de nos alertar contra o maior perigo, que ameaça a todos: a manifestação mais comum e, pode-se dizer, banal do mal, que é o pecado; fazendo-nos matadores do irmão, da irmã, nas infinitas maneiras em que isso é possível [...].

Herda, enfim, teu amor por Maria. Tu que viste construir este nosso santuário, cumprimento do voto feito por Pe. Alberione à Rainha dos Apóstolos durante a guerra: se nenhum paulino ou paulina fosse morto, ele construiria um santuário para ela. Dentro desse voto, estavas também tu, querido Pe. Gabriele, quando obtiveste, durante uma conversa particular com ele, propriamente de Pe. Alberione (tinhas apenas 17 anos), que reentrarias com os teus entes queridos. Tu e teus irmãos fostes salvos, e tua mãe (e tu com ela) sempre acreditou que era ela, a Mãe Celeste, a Rainha dos Apóstolos, que vos protegia. A arma do rosário é poderosa: esse é o significado do teu último livro.

> Obrigado, Pe. Gabriele, pelo que tens sido. [...] E um dia, o último dia, quando todas as nossas lágrimas forem enxugadas, temos a certeza de reencontrar-te, santo entre os santos, e ouvir-te ainda dizer: "Bem-vindos, companheiros! Bem-vindas, companheiras!".

O Demônio nada mais pode fazer contra Pe. Gabriele Amorth. Após a batalha, o soldado está seguro, na casa – e no abraço – de Deus.

# XIX
# EXORCISTAS HOJE

A Covid-19 – entre 2020 e 2021 – aumentou os medos e ansiedades. "E muito é atribuído ao Maligno", especialmente quando "não se veem causas e soluções para os próprios males", explica padre Paolo Carlin, *herdeiro espiritual* do decano dos exorcistas Pe. Gabriele Amorth, em entrevista ao *Vatican Insider*. Os exorcistas – "que no mundo são cerca de 600, dos quais cerca de 350 na Itália" – têm que "entender como ajudar a pessoa que sofre que vem a eles, também com a ajuda de médicos especialistas". Padre Carlin, conselheiro e porta-voz da Associação Internacional de Exorcistas, publicou há alguns anos um verdadeiro manual, intitulado: *De cura obsessis: riconoscere i casi di possessione diabolica, intervenire e accompagnare le persone con problemi spirituali* (*De cura obsessis: reconhecer casos de possessão diabólica, intervir e acompanhar pessoas com problemas espirituais*, Edizioni San Paolo).

O que significa ser exorcista hoje, depois da pandemia?

> Significa ser um sacerdote com licença do bispo (não há outras pessoas que possam realizar exorcismos) para exercer o ministério de libertação e cura da ação extraordinária do diabo, que se manifesta na obsessão, na vexação, na possessão, na infestação. A ação ordinária do diabo, ou seja, a tentação, é combatida com as ferramentas que Jesus nos deu: a escuta assídua do Evangelho, para superar decepções, dúvidas e medos e aprender os critérios de escolha na vida;

oração constante, para combater a tentação de desobedecer a Deus; sacramentos, para fortalecer a alma e o espírito com a humildade que se obtém no sacramento da reconciliação (confissão) e força espiritual através da Eucaristia, presença viva de Jesus ressuscitado e vitorioso sobre o mal. Às vezes, por vários motivos, é necessária também a intervenção da fé e da oração da Igreja, que se expressa no serviço do sacerdote exorcista que, em nome de Jesus e em comunhão com a Igreja, ordena que o Demônio vá embora. Cada diocese do mundo tem um ou mais exorcistas. Muitos são membros da Associação Internacional de Exorcistas (AIE), que promove a formação inicial e permanente sobre o delicado ministério do exorcista.

Ainda o Demônio, portanto. Mas não se tinha dito que não existe? O século XXI ainda tem que lidar com essa figura anacrônica, ultrapassada, fora de moda? Em suma, coisas da Idade Média. No tempo do triunfo da tecnologia. Absurdo. A resposta de Pe. Carlin:

> O Demônio se manifesta com dois tipos de ações: ordinárias, as mais perigosas, porque são mascaradas por desejos e projetos, e que se chamam tentação e afastam dos mandamentos e do respeito pelos outros; extraordinárias, mais raras e que ocorrem somente após pecados graves como negar a Deus, recorrer a poderes esotéricos e mágicos, mas também a pecados recorrentes e graves dos quais não se arrepende. A manifestação concreta ocorre em fatos ou situações que não podem ser explicados cientificamente, racionalmente ou humanamente. No primeiro caso, cai-se na desobediência a Deus e no desprezo pelo próximo. No segundo, há obsessões (na mente), vexações (marcas, cortes, hematomas, escritos no corpo) e até possessões (mais raras, com perda de controle do corpo subjugado pelo Demônio). Aqueles que não acreditam na existência do diabo são informados de que eles nem mesmo acreditam em Deus, então eles não são cristãos, mas outra coisa. O certo é

que acreditar ou não acreditar não muda a realidade, que em parte vem de Deus e, portanto, é boa; e em parte do diabo e, portanto, é má. Quem diz que o bem e o mal não existem é um enganador que nega a realidade.

A Igreja, no entanto, é muito prudente sobre a presença do Demônio, beirando a reticência. Parece, às vezes, que, em vez de advertir os fiéis, prefere bajulá-los, alisar seus cabelos para mantê-los bem, já que restam poucos. Mesmo o número de exorcistas ativos é dramaticamente insuficiente para um planeta de sete bilhões de habitantes.

> O sinal da presença do diabo é o pecado – explica Pe. Carlin – em todas as suas formas. A Igreja reconhece uma possessão diabólica apenas na presença simultânea de quatro realidades: falar línguas desconhecidas; força extraordinária além das possibilidades físicas; aversão violenta e irrefreável ao sagrado; conhecimento de coisas ocultas, escondidas. Impossível saber quantos estão possuídos, não há estatísticas. Só se pode dizer que aqueles que recorrem aos exorcistas sofrem no corpo e no espírito, talvez vivendo o eventual ataque de Satanás às escondidas, por medo de passar por louco. Na maioria dos casos, são pessoas que perderam referências espirituais, morais, sociais; depois, há os obsessionados, outros vexados e, mais raramente, possuídos. Há também casos de infestações locais, ou a presença de demônios na forma de falsos mortos, ruídos, cheiros, desaparecimentos e aparições de objetos.

Passada a pandemia, o Demônio não passa. Sempre precisamos de soldados de Deus prontos para lutar. Gente corajosa e inesgotável, porque a luta continua, e continuará enquanto houver apenas um homem na terra.

Pe. Amorth continua.

# BIBLIOGRAFIA

Dentre os numerosos escritos de Pe. Gabriele Amorth, para a composição do presente volume, foram consultados, em particular, os seguintes livros (seus e escritos sobre ele):

AMORTH, Gabriele. *Angeli e diavoli*: cinquanta domande a un esorcista. Bologna: EDB, 2014.

AMORTH, Gabriele. *Dio più bello del diavolo*: testamento spirituale. (Entrevista de Angelo De Simone). Cinisello Balsamo: Edizioni San Paolo, 2016.*

AMORTH, Gabriele. *Il diavolo ha paura di me*. (Organizado por Marcello Stanzione). Tavagnacco: Edizioni Segno, 2016.

AMORTH, Gabriele. *Il mio rosario*. Cinisello Balsamo: Edizioni San Paolo, 2016.

AMORTH, Gabriele. *Maria*: un sì a Dio. Cinisello Balsamo: Edizioni San Paolo, 2019.

AMORTH, Gabriele. *Un esercito contro il male*: la mia verità su Medjugorje. (Organizado por Paolo Rodari e Roberto I. Zanini. Milano: BUR Rizzoli, 2019.*

AMORTH, Gabriele. *Vade retro Satana!* Cinisello Balsamo: Edizioni San Paolo, 2013.*

AMORTH, Gabriele; FEZZI, Elisabetta. *La mia battaglia con Dio contro Satana*. Cinisello Balsamo: Edizioni San Paolo, 2017.

AMORTH, Gabriele; LANZA, Marcello. *L'ultima intervista*. Bologna: EDB, 2017.

AMORTH, Gabriele; RODARI, Paolo. *L'ultimo esorcista*: la mia battaglia contro Satana. Segrate: Edizioni Piemme, 2012.*

AMORTH, Gabriele; STIMAMIGLIO, Stefano. *Saremo giudicati dall'amore*: il demonio nulla può contro la misericordia di Dio. Cinisello Balsamo: Edizioni San Paolo, 2015.*

AMORTH, Gabriele; SZNURKOWSKI, Slawomir H. *Ho incontrato Satana*: la battaglia del più autorevole esorcista vivente. Segrate: Edizioni Piemme, 2016.

AMORTH, Gabriele; SZNURKOWSKI, Slawomir H. *Maria e Satana*. Cinisello Balsamo: Edizioni San Paolo, 2018.

AMORTH, Gabriele; TOSATTI, Marco. *Inchiesta sul Demonio*. Segrate: Edizioni Piemme, 2003.

GAETA, Saverio. *L'eredità segreta di don Amorth*: così la Madonna ha salvato l'Italia. Cinisello Balsamo: Edizioni San Paolo, 2019.

RAGONA, Fabio Marchese. *Il mio nome è Satana*: storie di esorcismi dal Vaticano a Medjugorje. Cinisello Balsamo: Edizioni San Paolo, 2020.

Este sinal * indica que existe a tradução em língua portuguesa do livro.

# SUMÁRIO

I. O nome do mal ............................................. 5

II. Pai e mãe santos ........................................... 9

III. O partigiano "Alberto" ................................. 17

IV. Um pacto com Pe. Alberione ...................... 23

V. De Pio a João .............................................. 31

VI. Nossa Senhora viaja de helicóptero ............ 41

VII. "Cuide disso!" ............................................ 73

VIII. A casa do cardeal ..................................... 79

IX. Pedro e a fumaça de Satanás ...................... 87

X. "Eu sou Lúcifer" .......................................... 95

XI. "Nunca tive medo" ..................................... 111

XII. Sua Eminência não acredita em Satanás .... 121

XIII. Nossa Senhora na colina .......................... 135

XIV. Morta em nome do Demônio ................... 147

XV. Um homem de batina ................................ 165

XVI. Um grande cabeçudo, um grande brincalhão ......... 179

XVII. Os santos por amigos .............................. 189

XVIII. Herança ................................................. 195

XIX. Exorcistas hoje ......................................... 201

Bibliografia ........................................................ 205